LE BAVARDAGE, PARLONS-EN ENFIN

Du même auteur

L'amour conjugué : essai sur le conjugal et l'adultère, La Martinière, 2004.

En amour sommes-nous des femmes ?, essai, Le Pommier, 2007.

Le beau sexe des hommes, essai, Le Seuil, 2008 ; « Points », 2009.

Saisons russes, roman, Stock, 2009.

Florence Ehnuel

Le bavardage, parlons-en enfin

Pour une classe à l'écoute

Fayard

ISBN : 978-2-213-66836-9

Pour Jérémie, Robin, Romain et Thomas,
mes « conseillers en bavardage »,
en souvenir d'un délicieux moment
passé avec eux au Néo.

I

Scène de cours ordinaire

Jeudi, 9 heures :
– Bonjour, madame, me lance Alexis d'un ton enjoué.

Il se hâte vers une place du fond de la classe, suivi de près par deux copains. Tous les trois, comme un seul homme, s'installent précipitamment et assurent leur territoire en déposant lourdement leurs sacs sur les tables, sans les ouvrir.

– Bonjour, Alexis. Quel entrain pour la philosophie ce matin… et pour le dernier rang aussi !

– On adore la philo, nous, me répond Rémi, déjà assis. C'est notre cours préféré !

– Et on entend beaucoup mieux du fond à gauche ! ajoute Bastien, expert. Question d'acoustique !

Je rétorque :

– Je suis un peu sceptique... C'est peut-être l'influence de Pyrrhon, remarquez !

– C'est qui, Pyrrhon ?

– Ah, vous voyez ! Toutes les informations ne parviennent pas jusqu'au coin gauche ! Sinon, vous vous souviendriez de ce philosophe qui expliquait que la vérité nous est inaccessible.

Moue évasive.

– En tout cas, je vous ai dit mardi que je ne voulais plus vous voir tous les trois à côté.

Je pressens que ce n'est pas gagné, mais je suis encore assez fraîche pour m'y prendre en douceur.

– Alors séparez-vous tout de suite et approchez-vous de la philosophie. Je vous assure que je ne vais pas postillonner.

– Mais, madame, on vous promet...

Sarah et Jérémie entrent, en pleine discussion. Juste une brève interruption pour me saluer.

– Bonjour, lance une voix claire.

– Bonjour, Amandine.

Amandine s'installe vers le milieu de la classe, bientôt rejointe par Caroline. Victoire ! Pour la première fois depuis plusieurs semaines, Caroline ne feint pas d'avoir oublié ma consigne : ne plus se mettre à côté de Julien, avec qui elle papote sans arrêt.

– Vous voyez, madame, crois-je voir dans le coup d'œil qu'elle me lance, je fais comme vous m'avez dit !

Je réponds à son regard par un signe de tête approbateur. Du coup, je reprends du poil de la bête pour affronter mes lascars du fond à gauche.

– Alexis, rapprochez-vous, dernier avertissement. Bastien et Rémi, séparez-vous, je commence à m'énerver.

Je sens l'impatience me gagner. Pas facile de la tenir encore longtemps à distance.

Mais Alexis fait comme s'il n'avait pas entendu. Il discute déjà avec Thomas, venu s'installer un rang devant lui et dont je ne vois que le dos.

La salle finit de se remplir, certains élèves s'assoient sans me saluer, d'autres sont plus chaleureux et poursuivent la farandole des bonjours. Il y a de l'amitié dans ces salutations.

Baisse de mon stress : Bastien et Rémi ont daigné se séparer, laissant entre eux une place vide. Je voulais une séparation plus franche, mais j'abandonne. On verra bien.

J'observe la classe quasi remplie d'un œil de géostratège. Une erreur me saute à la figure :

– Éva, je vous ai demandé de venir au deuxième rang ici, à côté d'Alexis.

J'ai besoin d'Éva, toujours attentive, pour communiquer sa concentration à ses voisins.

– Oh non, madame ! Je l'ai fait la dernière fois déjà ! s'exclame Éva qui ne veut pas quitter sa copine Julia.

– Éva, il faut que tout le monde y mette du sien, vous savez bien ce que j'ai expliqué mardi dernier.

Elle attrape ses affaires à contrecœur.

Je reprends courage. Je peux compter sur certains élèves.

Alexis bouge enfin ; il a dû finir ses conciliabules avec Thomas. Serais-je au bout de mes peines ?

Faux espoir ! Car Alexis ne se dirige en aucun cas vers Éva : d'un pas nonchalant, il traverse la salle vers une autre place libre à droite de Kareen, dans l'autre coin du fond.

Je bous. Le cas Alexis prend des allures d'affaire d'État. M'irritent particulièrement son air évasif et son pas mesuré. À peine s'il ne sifflote pas.

Retiens-toi, ma fille, surtout n'explose pas, l'heure vient juste de débuter. Recommandation stoïcienne : interpréter sa vie comme un acteur, avec détachement. Donc, joue la colère, ne la laisse pas te dominer.

– Alexis, ça suffit cette comédie ! Je vous ai dit de venir ici au deuxième rang, à côté d'Éva. On ne va pas recommencer le même cinéma que mardi dernier !

– Mais, madame… j'ai oublié mon livre. Faut que je me mette à côté de Kareen.

– Vous savez bien qu'Éva a son livre aussi !

Balançant son sac à l'extrême bout de ces doigts, il change sans précipitation de trajectoire et se dirige vers la chaise voisine de celle d'Éva, un sourire amusé aux lèvres, comme s'il me disait : « Allez, madame, montez pas sur vos grands chevaux ! J'y vais à côté d'Éva, si ça peut vous faire plaisir ! »

Je me passerais du sourire presque condescendant.

Pendant ce temps, le brouhaha s'est largement répandu dans la classe. Je m'exhorte moi-même : prendre une pleine respiration, comme indiqué dans mon livre de sophrologie.

J'attrape le carnet d'absences et déclare d'une voix forte :

– J'aimerais bien un peu plus de silence pendant que je fais l'appel.

Pas de grand changement. Je hausse le ton :

– Vous levez le doigt à votre nom, sinon je vous marque absent.

Je n'ai jamais fait ça et ne le ferai certainement pas cette fois-ci non plus, mais ça me sort tout seul de la bouche.

– Erwan, Sylvain, Gaëtan, Jérémie, Kareen, Romain…

De plus en plus fort, pour couvrir le fond sonore :

– Pendant que je fais l'appel, vous sortez le cours et le manuel, on va continuer ce qu'on a fait la dernière fois. Marion, Camille, Rémi, Robin, Safouane, Florian…

Je vais jusqu'au bout de la liste, notant un absent au passage. Ils lèvent en général le doigt, mais pas un seul ne sort son matériel.

9 h 11 : fiche d'absences prête, détachée du carnet. Ouf !

Me revoilà pleine d'élan pour le partage de la philosophie. On va pouvoir entrer dans le vif du sujet. Je me lève et m'approche de mon auditoire.

Quelques regards se tournent vers moi, sans grande intention apparemment. Je les informe, comme si c'était un scoop :

– On démarre maintenant.

Quelques regards de plus, moyennement décidés. Ce n'était donc pas encore assez précis ?

– Vous cessez vos conversations, vous sortez le cours que nous avons commencé la dernière fois. Quelqu'un peut-il me dire sur quoi il portait ?

– Le désir, répondent quelques voix des premiers rangs.

– Très bien, le désir. Vous reprenez vos notes pour ajouter le cours d'aujourd'hui.

Un mouvement s'amorce, des bouches se ferment, des mains manipulent des feuilles, se disposent à écrire. Je réalise cependant que la mise en route ne sera pas aussi immédiate que je l'aurais voulu. Je le sais par cœur ; je l'oublie toujours. J'en prends mon parti une fois de plus et préfère tourner la situation en dérision. Circulant dans les rangs, je fais l'état des lieux :

– On peut supposer que Thomas va bientôt *envisager* de sortir son cours. Rien n'est sûr cependant, mais il y a de l'espoir. Kareen a tiré son livre de son sac, preuve de bonne volonté. Jérémie est prêt, donc c'est possible ! Il n'est pas tout seul ! J'en vois de plus en plus qui orientent leur attention vers la philosophie ! D'ici la fin de l'heure, on s'y sera mis !

Je n'ai pas le silence complet, mais j'amorce quand même le cours. On a déjà perdu assez de temps.

– Je vous rappelle la remarque à laquelle nous étions arrivés la dernière fois : nous pouvons désirer très fort quelque chose et pourtant ne pas nous réjouir longtemps une fois que nous l'avons obtenu. Notre question était alors la suivante : en quoi cette situation banale nous renseigne-t-elle sur la nature du désir en général ?

Une main se lève, celle de Nicolas :

– C'est peut-être que l'homme est toujours insatisfait, qu'il veut toujours du nouveau.

– Oui, on est très vite blasé, renchérit Rémi. Par exemple à Noël…

– Ou avec les filles, il y en a qu'on veut au point qu'on ne pense plus qu'à ça, et puis quand on les a… finalement…

Vives réactions, des filles comme des garçons, chacun y va d'une anecdote à son voisin. Thomas me présente à nouveau son dos. Les interventions se bousculent, devenant inaudibles. Je réexplique calmement :

– Levez bien le doigt avant de parler et écoutez la personne qui a la parole.

La discussion commune reprend :

– On n'est jamais content de ce qu'on a. C'est dans la nature de l'homme.

– Comme pour le progrès technique, on veut toujours mieux.

Un nouveau bruit de fond s'installe. Je m'accroche.

– Tout ce que vous dites est très pertinent, mais, une fois encore, je vous signale que vous prenez la parole sans lever le doigt. Caroline, cessez vos bavardages ! Vous faites parler même Amandine ! Victor, taisez-vous aussi.

– Mais, madame, on parle du cours.

– J'ai dit cent fois que si l'on veut parler du cours, on demande la parole pour en faire profiter tout le monde.

– Mais, après, la discussion est partie sur autre chose et on oublie ce qu'on voulait dire.

Je préfère ne pas relever et reprendre une pleine respiration.

Semblant de silence. Un doigt se lève sagement. C'est celui d'Éva.

– Ma tante a voulu désespérément un enfant pendant des années, elle a dû avoir recours à des méthodes de fécondation artificielle. Et puis quand enfin elle a eu sa fille, elle ne s'est pas trouvée si heureuse, on aurait dit même qu'elle était déçue.

Je saisis cet exemple au vol pour relancer la réflexion :

– Et quelle interprétation philosophique peut-on en tirer sur le désir humain ?

Un silence soudain. On dirait que tout le monde réfléchit. Je nous sens ensemble à nouveau. Mon niveau de stress redescend brusquement. Je me détends.

– Peut-être que la tante d'Éva n'avait pas vraiment envie d'enfants, propose Thomas, revenu de face.

– Mais comment savoir à l'avance ? rétorque Romain.

– On croit quelquefois qu'on veut quelque chose, mais on ne le veut pas vraiment.

Ils en arrivent là où je veux les mener. Je jubile :

– Très bien, on se trompe alors sur son désir ? Et pourquoi cela ?

Romain reprend son idée avec vigueur... sans avoir levé le doigt au préalable :

– Mais on ne peut pas savoir à l'avance si ce qu'on désire nous plaira ! Par définition, si on désire quelque chose, c'est qu'on ne l'a pas encore !

De même Thomas et Jérémie, qui interviennent ensemble, suivis de près par Florian, qui lève le doigt certes, mais lance sans attendre mon signal :

– On peut prévoir quand même ! On a des expériences !

– On ne sait pas, pour les enfants par exemple, insiste Romain.

Je ne sais plus où donner de la tête pendant que reprennent les discussions sous cape aux quatre coins de la salle. On entend surtout des morceaux de phrases : « prévoir... l'influence des autres... publicité... c'est la société... plaisir. » Cette fois, ce n'est plus le stress, c'est le découragement qui m'envahit.

9 h 35 : le plaisir justement, le désir, m'ont quittée. Je suis lasse. M'agacent prodigieusement non le contenu de la discussion, mais la manière, les remarques qui fusent, les dialogues adjacents. Un tiers environ des élèves écoutent sagement, mais, plutôt que de m'en réjouir, devant eux, j'ai honte : je suis impuissante à leur offrir une discussion ordonnée.

Je retourne à mon bureau ; j'attends ostensiblement durant de longues minutes jusqu'à un silence presque étonné, qui ne se forme pas avant que chacun ait fini ses commentaires.

– Vous pensez qu'on peut fonctionner comme ça ?

Et c'est reparti ! Je m'entends servir une fois de plus mon laïus habituel, sur les nuisances du bavardage, sur les vertus de l'écoute, sur le respect de la parole, sur… sur… lever le doigt, attendre son tour, être ensemble… sempiternel sermon délivré à des élèves toujours convaincus en théorie, rarement concernés en pratique.

Vaguement soulagée par l'attention qui vient de m'être concédée, je me relève et repars dans le cours. Comme un bateau voguant sur son erre, la classe est encore à peu près tranquille. Je fais la synthèse de ce qui vient d'être dit, en tire moi-même les conclusions auxquelles j'aurais souhaité qu'ils arrivent par eux-mêmes. Ils prennent des notes, non sans me faire répéter quelquefois, comme s'ils recopiaient mes phrases mot à mot.

Pour ne pas m'interroger directement, certains se penchent vers leur voisin et écrivent sur leur feuille tout en lui demandant des précisions. Et voilà peu à peu que reprennent les discussions éparpillées dans les rangs.

Mais je ne peux plus m'offrir le luxe d'une nouvelle scène de morale. Je me la fais plutôt à moi-même : « Supporte et abstiens-toi », autre injonction stoïcienne, mon seul recours à ce stade de la séance. Je vais à l'essentiel pour boucler ce que j'avais prévu et demande simplement le silence chaque fois que nécessaire. J'ai à le demander avant chaque intervention d'élève, avant de lire le texte du jour, avant d'en exposer le commentaire.

9 h 55 : la sonnerie en musique rock retentit. Ceux qui ont déjà rangé leurs affaires se lèvent aussitôt.

Je n'ai plus autant d'entrain à leur dire au revoir que j'en ai eu à les accueillir cinquante-cinq minutes plus tôt.

Et pourtant, la scène se déroule dans un lycée sans problèmes, situé dans une banlieue tranquille de la classe moyenne.

Et pourtant, comme nous le dirons tous, mes collègues et moi, le soir du conseil de classe, c'est une classe sympathique, dynamique, intéressée et finalement travailleuse.

Ils n'ont qu'un défaut : ils sont bavards.

Ce qu'ils en disent

Cherchant à comprendre plutôt qu'à sévir, j'ai très souvent ouvert le débat avec les élèves sur le problème du bavardage et je crois avoir essayé d'écouter sans jugement leur vision du phénomène. Puisque les élèves font prendre tellement de retard au traitement du programme par leur distraction, je consacre parfois une partie du cours à échanger avec eux sur leur compulsion à se disperser. Il en résulte quelquefois des prises de conscience mutuelles et une confiance accrue entre nous qui nous font ensuite plutôt gagner du temps.

Les échanges peuvent prendre l'allure suivante :

Pauline : Moi, madame, quand je parle, je ne gêne pas, je sais le faire discrètement.

Ce n'est pas parce que j'échange quelques phrases avec mon voisin que j'empêche le cours d'avancer.

Abdel : D'ailleurs, quand on parle avec nos voisins, ça ne nous empêche pas du tout d'écouter en même temps, moi je suis tout à fait capable de faire les deux. La preuve, c'est que j'ai de bonnes notes.

Cédric : Et puis, il y a des cours qui n'intéressent pas ou des profs vraiment pas pédagogues. C'est normal qu'on bavarde si on s'ennuie ! On n'y peut rien si certaines matières ne nous captivent pas ! Mais je ne dis pas ça pour votre cours, madame, ne croyez pas ça ! D'ailleurs, quand on bavarde, c'est pas contre le prof, c'est pas par manque de respect. Ça n'a rien à voir.

Abdel : Faut comprendre. On aime bien s'envoyer des petites blagues sur le cours ou sur tout ce qui se passe dans la classe, on a besoin de s'amuser aussi ! Sinon, l'école est vraiment insupportable.

II

Le signal d'alarme

Chaque fois que je vois des classes à l'écran, même dans des films qui ont pour cadre des zones de banlieue explosives, comme *L'Esquive* d'Abdellatif Kechiche ou *Entre les murs* de Laurent Cantet, je suis frappée par un manque : est à peine montrée la caractéristique première, majeure, de toute classe en action, à savoir son incessant bavardage. Au cinéma, on ne voit que des rangs d'élèves sinon passionnés, du moins globalement silencieux. *L'Esquive*, par exemple, présente des jeunes gens se livrant corps et âme, sur le béton de la cité, à d'interminables palabres où tous répètent à l'envi, en se coupant allègrement la parole, une maigre idée scandée d'interjections nerveuses. Puis le film prétend nous faire croire que les mêmes, une fois dans la sphère du collège, sont prêts soudain à suivre, sans piper mot, les démonstrations raffinées de l'enseignante sur les méandres psychologiques des personnages d'une pièce de Marivaux ! Je comprends bien d'ailleurs qu'on ne nous montre pas la vérité : elle est trop déprimante, d'une part, et d'autre part on ne pourrait même pas savoir sur quoi porte le cours ! Il en deviendrait peu cinégénique ! Ou même tout simplement inaudible.

Or, la réalité est bien éloignée, pour cet aspect, des scenarii contemporains. La scène que j'ai reconstituée tout à l'heure est, peu ou prou, celle je vis à chaque heure de cours, bien que, en tant que professeur de philosophie, je n'aie affaire qu'à des classes de terminale, donc à des jeunes de 17 ans en général. Quelquefois, l'atmosphère est un peu moins agitée, selon ma forme et celle des lycéens, l'heure de la journée et le jour de la semaine, le thème du cours et le niveau de la classe. D'autres fois, elle est pire et, alors, je m'accroche aux quelques élèves qui s'intéressent et écoutent imperturbablement. Heureusement, il y en a toujours une poignée, mais parfois pas tellement plus que les doigts d'une main ! Dans la plupart des cas, quelle que soit la section, quel que soit le coefficient de ma matière au baccalauréat, l'ambiance correspond à ce que je viens de peindre : je dois frayer quasi constamment le chemin de mon propos dans un milieu sinon hostile, du moins peu enclin à lui faire une place.

Depuis quinze ans que j'enseigne, je n'ai rencontré aucun autre problème. Car tous les autres incidents qui peuvent survenir sont toujours apparus finalement faciles à traiter : les élèves qui ont tendance à arriver en retard se rendent aisément à la raison et réforment leurs horaires après quelques échanges courtois ; ceux qui ne rendent pas leur copie à temps acceptent les points que je leur enlève et en prennent acte pour la fois suivante ; ceux qui sont enclins à l'absentéisme sont suivis avec soin par les CPE et l'administration, qui leur permettent le plus souvent de prendre la décision qui leur convient. Bref, je n'ai connu en quinze ans de carrière aucune difficulté qui ne se résolve aisément : ni chahut proprement dit, ni propos blessants, ni comportements déviants.

Seul le bavardage est la tare endémique de toutes les classes.

Cette année, ce phénomène m'est apparu de manière plus aiguë qu'auparavant comme un obstacle majeur à l'enseignement. Il n'était pas pire en lui-même, mais brusquement mon seuil de tolérance a été dépassé.

Voici comment l'alerte s'est déclenchée : depuis les deux mois qui nous séparaient de la rentrée, je me décarcassais avec une classe de série technologique, spécialisée dans la gestion. Je me démenais comme une tigresse pour essayer de les intéresser, pour les convaincre que la philosophie pouvait valoir le coup, même si elle ne leur était pas familière au premier abord.

Je privilégiais les anecdotes sur les philosophes à leurs doctrines, je cherchais à partir de leurs centres d'intérêt pour mieux les captiver, plutôt que de leur asséner des problématiques éloignées de leurs préoccupations. Le football revenant souvent dans leurs exemples, je n'étais pas contre me demander avec eux si la loi avait raison d'interdire les fumigènes dans les stades, lorsque nous en étions au chapitre de la justice et du droit, ou mener une comparaison entre Maradona et Picasso, lorsque nous parlions de l'art.

Ils manifestaient beaucoup d'appréhension à l'égard de l'écriture. Beaucoup semblaient craindre que la philosophie consiste essentiellement à « gratter » : copier des cours interminables qu'ils ne seraient jamais disposés à relire, être mis en demeure de composer des devoirs de plusieurs pages sur des sujets qui leur inspireraient à peine quelques lignes. Ils disaient qu'écrire sur l'ordinateur leur serait moins rébarbatif. « Oui, madame, si on faisait cours dans la salle d'informatique ! Ce serait beaucoup mieux. Plus convivial. Écrire sur l'ordinateur, c'est bien plus facile ! »

Bien que redoutant qu'ils usent de l'ordinateur pour tout autre chose que de prendre les cours ou rédiger les exercices, j'étais partante pour tenter l'expérience et je parvins, après de longues tractations, à nous faire attribuer une salle équipée d'autant d'ordinateurs que leur classe comprenait d'élèves. L'expérience fut plutôt convaincante : ils prenaient le cours sans rechigner et m'adressaient leurs exercices sur ma boîte mail que je leur renvoyais corrigés.

Malgré toutes ces adaptations et ces arrangements, le bavardage ne cessait pas, et je devais demander le silence de nombreuses fois à chaque séance. Le cours restait une sorte de combat pour la parole, quels qu'en soient le sujet et la manière de le traiter.

Or, un vendredi de novembre, en plein milieu d'une heure de cours comme les autres, c'est-à-dire bruyante, j'ai senti lâcher ma patience, d'un coup sec, comme on sentirait dans sa main la lanière d'un sac se rompre parce qu'on l'a trop chargé.

Je me suis tue, me suis assise et n'ai même plus demandé le silence. Quinze ans de rappels à l'ordre à répétition, de prêches dans le désert s'achevaient brusquement : je ne pouvais plus supporter ni la conduite des élèves ni les répliques inutiles que je leur adressais en retour.

J'ai exprimé tout de même en quelques mots mon découragement et ma limite atteinte :

– On ne peut pas faire cours dans ces conditions.

J'étais harassée et révoltée à la fois : usée de devoir toujours réclamer une chose aussi simple et évidente que l'écoute, excédée d'être traitée comme un poste de télévision, une musique d'ambiance, une *esclave*. Cette dernière image exprimait exactement mon impression : même s'il est payé, un professeur est un esclave réduit à agiter un éventail pendant que ses maîtres se prélassent dans des lits profonds et des conversations badines.

Toute la semaine qui a suivi, une autre évidence s'est imposée dans mon esprit : un professeur subit une forme de *har-*

cèlement, non intentionnel peut-être, non pervers, mais bien réel dans ses conséquences. On pense couramment que cette notion de *harcèlement* ne vaut que pour les cadres, victimes de chefs qui abusent de leur pouvoir et font régner sur eux une éprouvante pression en brandissant constamment des exigences de rendement. Mais ma place m'apparaissait soudain aussi comme celle d'une travailleuse harcelée : harcelée par le Bavardage, monarque tout-puissant, imprévisible, interposant en permanence ses obstacles arbitraires au déroulement normal du cours. Ne pas pouvoir enchaîner trois phrases sans être coupée, être toujours empêchée de développer une idée ou un raisonnement jusqu'au bout, n'avoir droit à quelques instants d'attention qu'à condition qu'elle soit conquise pied à pied, cela tient d'une forme de torture, ni plus ni moins.

Soudain alors, une résolution s'est formée dans ma personne : il faut que nous, professeurs, fassions quelque chose contre cette nuisance qui nous empêche de faire bien notre métier.

Et pour commencer : en parler franchement.

D'où la décision seconde : écrire ce livre, pour décrire ce que les professeurs vivent, pour raconter dans quelles conditions se font les apprentissages, pour dénoncer le climat de mépris et de négligence qui règne dans les classes et lancer le débat et la recherche de solutions.

Ce qu'ils en disent

Maxime : Moi, je vais vous le dire honnêtement, madame, puisque aujourd'hui on dit vraiment la vérité : chez moi, parler, c'est un réflexe. Je sais que ce n'est pas très poli, mais c'est plus fort que moi, je ne peux pas m'en empêcher. Y a même des fois où je me dégoûte moi-même. Je sors du cours en me disant : « Encore une fois, t'as parlé toute l'heure ! » Mais, aussi, comment voulez-vous qu'on reste huit heures par jour sans dire un mot ? C'est pas humain d'exiger ça de nous ! Ne pas parler, c'est un énorme effort, alors faut qu'on se lâche de temps en temps.

Sophie : Ça nous arrive aussi de décrocher à un moment du cours, par fatigue ou parce qu'on veut absolument raconter un truc à notre voisin, et puis, après, on ne reprend pas le fil, alors on discute jusqu'à la sonnerie.

Alexis : Y a autre chose aussi. Avant de démarrer un travail ou un exercice, ou même pendant, on se pose des questions entre nous sur la consigne, on se plaint qu'on n'a pas envie de le faire. Parce que se mettre au travail, c'est dur. Là, on parle, c'est une manière d'esquiver. Ou bien même quand on a démarré, ça nous détend de discuter.

III

L'élève que j'étais

La plupart des professeurs ont été de bons élèves. Mais je remarque, en dialoguant avec mes collègues, que tous n'ont pas été des élèves silencieux et attentifs. Je constate aussi que tous ne s'interdisent pas de bavarder lorsque nous sommes réunis : pendant la cérémonie de la prérentrée, en début d'année, peu écoutent le discours du proviseur et un brouhaha constant envahit l'amphithéâtre où nous sommes rassemblés pour la seule fois de l'année ; pendant les conseils de classe, certains collègues échangent des commentaires privés sous le nez des élèves délégués ; au cours des réunions syndicales ou des concertations pour les corrections du bac, beaucoup interviennent à tort et à travers, sans demander ni attendre leur tour de parole.

Or, il me semble observer une nette corrélation entre les professeurs qui supportent facilement le bavardage et ceux qui l'ont pratiqué en tant qu'élèves, voire le pratiquent encore. Un collègue m'explique par exemple que le bavardage des élèves n'est pas un problème pour lui, beaucoup moins en tout cas que la contestation ouverte et répétée du contenu de son cours. Or, ce collègue – je pense qu'il me pardonnera cette remarque s'il se reconnaît – bavarde tellement le jour de la prérentrée qu'il est impossible de suivre l'ordre du jour si l'on est son voisin. Il raconte, en effet, avoir été de ces élèves qui mènent plusieurs conversations à la ronde pendant les heures de cours.

Même témoignage d'une collègue de lettres :

– La classe, c'est un lieu de vie, ce n'est pas la messe ! Alors, que les élèves échangent entre eux, je ne vois pas en quoi ça gêne ! Ça se régule tout seul.

Et d'ajouter en riant :

– D'ailleurs, la plus bavarde, c'est moi !

Il importe donc que je me retourne vers le comportement que j'adoptais dans les rangs de la classe.

On ne sera pas étonné si je raconte que j'étais une élève sage. L'éducation que j'ai reçue reposait sur deux piliers : la politesse et le prestige de la culture. Même si j'ai remis par la suite en question le fondement de ces deux principes, j'en ai gardé une bonne partie et il va toujours pour moi de soi que l'on se tait dans toutes les formes d'assemblées où une parole est proférée. À de très rares exceptions – dont je me souviens encore et dont j'ai encore honte ! –, je n'ai jamais bavardé pendant un cours.

Je ne suis pas toujours irréprochable dans les échanges privés : quelquefois, je ne sais pas tenir ma langue et profère des paroles que je regrette ensuite ; parfois aussi, dans le feu de la discussion, je ne sais me retenir de couper la parole, même si j'en ai très vite ensuite un vif regret. Dans les cours ou les réunions, en revanche, je ne crois pas me tromper en pensant que j'ai véritablement incorporé le principe selon lequel, si quelqu'un a la parole, il faut la lui laisser. La règle est simple et je la répète souvent en ces termes aux élèves : « Un cours, ça s'écoute. »

Lorsque je dis que, chez moi, cette règle est *incorporée*, je pèse mes mots. Je veux exprimer par là qu'elle est si fortement intériorisée que, si quelqu'un parle en même temps que quelqu'un d'autre, cela me provoque immédiatement une tension physique ou ce que l'on pourrait appeler mieux encore un stress, car cela heurte profondément mes convictions. Ce sont les bases mêmes de la communication qui, pour moi, sont menacées.

Cette discipline me demande un certain effort, mais je m'y conforme assez facilement. J'ai suivi, en khâgne en particulier, des cours épouvantablement ennuyeux, de ces cours interminables qui semblent avoir arrêté le temps, mais je n'en ai jamais tiré prétexte pour parler avec mes voisins, pas plus que pendant les cours passionnants où le temps file à toute allure. À partir du moment où le professeur parlait, je me taisais, et cela m'a toujours semblé couler de source.

Il est vrai aussi que, élève, je ne me suis jamais sentie totalement isolée avec ces principes. Je crois me souvenir que tout le monde dans la classe les partageait plus ou moins ou que, si certains y contrevenaient, ils restaient largement minoritaires.

Voilà certainement pourquoi je vis si mal l'attitude de mes élèves. La plupart d'entre eux semblent partager l'évidence inverse de la mienne : « Bavarder pendant un cours, ça ne gêne personne ! »

Si bien que, par leur attitude, même si je sais intellectuellement qu'elle n'est pas tournée contre moi, je suis viscéralement heurtée. Je me sens humiliée, je me sens niée dans ma personne et dans mes valeurs. Je n'ai aucune empathie immédiate pour les bavards, je n'ai aucune expérience qui me permette d'adopter par moments leur point de vue. J'ai tellement intériorisé la nécessité d'écouter celui qui a la parole que, pour comprendre mes élèves, il faut que j'effectue une véritable conversion intérieure qui tient d'une torsion physique. Dans une classe qui bavarde, je me sens jetée dans un monde étranger et barbare.

Au fil des années, j'ai entrepris, contrainte et forcée, de tempérer mes réactions, de supporter un peu plus le brouhaha, mais je ne m'y suis finalement jamais habituée. Foncièrement, je suis quasiment toujours aussi choquée par ce manque de courtoisie, de savoir-vivre, de maîtrise de soi. Bavarder en classe m'apparaît, de plus, non seulement comme une incorrection, mais aussi comme une aberration : pourquoi être assis dans une classe si ce n'est pas pour tirer profit de la leçon qui s'y déroule ?

J'irais jusqu'à dire, pour montrer le malaise intense que génère en moi le bavardage, que travailler avec une classe qui ne sait pas maintenir son attention, cela ressemble pour moi à me déplacer dans une décharge publique. Je pense souvent en effet à ce conte intitulé *Les Fées* : une fée déguisée en vieille femme récompense une jeune fille de sa générosité en lui attribuant le don de faire tomber de sa bouche des pierres et des perles précieuses à chaque parole qu'elle profère. À sa sœur, méchante au contraire, elle impose le châtiment de produire, elle aussi à chaque phrase qu'elle énonce, des crapauds et des serpents. Le conte met en scène évidemment la puissance de la parole, qui peut être richesse ou pollution, beauté pure et brillante ou grouillement répugnant de vie malfaisante, selon l'usage qu'on en fait. Il enseigne le poids des mots : les mots ne font pas que *signifier* des réalités, ils *sont* eux-mêmes des réalités. Cette histoire donne à voir la vérité d'un groupe dont l'échange verbal est désorganisé : son espace s'encombre très vite d'un amoncellement de détritus formé par toutes ces phrases inutiles, intempestives, simultanément envoyées de toutes parts. On est moins loin qu'on ne croit du chahut le plus classique : les petits avions de papier, lancés des quatre coins d'une classe, puis jonchant le sol, ou les boulettes de papier mâché projetées au plafond et pendant ensuite au-dessus des têtes comme autant d'épées de Damoclès.

Cet extrême inconfort et ce sentiment d'être mise dans l'incapacité de remplir ma mission auprès des élèves sont-ils le fait d'une psychologie dépassée ? Ai-je raison de penser que les élèves ont tout à gagner à apprendre l'écoute ? Suis-je démodée lorsque j'attends d'eux qu'ils respectent mon discours d'enseignant et qu'ils prennent la parole de manière ordonnée, en laissant chacun parler à son tour ? En luttant pour que l'attention l'emporte sur la distraction, suis-je un dinosaure qui appartient à un monde révolu ou suis-je en train de défendre des valeurs universelles qui restent d'actualité pour toute activité intellectuelle, voire pour tout travail suivi ?

Le génie des élèves de notre temps n'est-il pas, plutôt que de se concentrer en silence, d'être capables de mener plusieurs activités simutlanées ? Leur demander de se rendre totalement attentif à un seul discours, n'est-ce pas exiger d'eux une attitude d'un autre temps, qui n'est plus adaptée à leur époque ?

Je cherche une réponse nuancée, souple, à retravailler souvent. Il m'importe de ne pas rester campée sur des positions rigides, de ne pas faire taire les élèves par la pure et simple terreur. Je souhaite mesurer aussi la vertu de la vivacité, de la spontanéité, et prendre en compte la fatigue des élèves, leur besoin de variété et de socialité. Je n'attends pas que toutes les classes respectent un silence de mort pendant les cours : la vie fait toujours un peu de bruit et il est normal de l'accepter. Cependant, tout à la fois, je maintiens le pari que l'écoute n'est pas une valeur historiquement datée et que le respect de celui qui parle est la condition aussi bien de toute interaction que de l'élaboration d'un discours construit. Je soutiens que l'attention à une activité ou à une autre personne que soi n'est pas une vertu périmée, mais au contraire une qualité qui n'est pas encore arrivée à son apogée, une quête jamais terminée, toujours menacée, de l'humanité.

Ce qu'ils en disent

Matthieu : Moi, je reconnais que pour nous le plus important, ce n'est pas de nous faire bien voir des profs, mais plutôt d'être bien considérés par les autres élèves de la classe. Vous savez, madame, celui qui écoute toujours sagement, qui ne rigole jamais, on n'a pas tendance à le considérer. Olivier, par exemple, on le trouve pas très *fun*. Il n'est pas *populaire*, c'est un *intello*. Donc on n'a pas envie d'être comme ça ! Au contraire, celui qui fait rigoler, qui ne perd pas la face quand le prof le reprend et même qui lui répond, on l'admire. Il faut avouer que si, en plus, il a de bonnes notes, comme Abdel, on le voit vraiment comme un pro. Il a bien eu les profs.

Lucie : Et si soi-même on est comme ça, on est fier.

IV

C'est ma faute : je n'ai pas d'autorité naturelle

Jusqu'à récemment, nous parlions peu de cette affaire de bavardage entre collègues. Nous ne l'évoquions pas non plus en conseil de classe, où nous jouons autant notre image que l'orientation des élèves, et nous nous limitions à commenter les résultats écrits de chacun d'entre eux et leur participation à l'oral.

Depuis un an ou deux, les choses changent : nous mentionnons plus fréquemment qu'une classe, qu'un élève sont bruyants, se taisent rarement, ne savent pas écouter et je découvre alors, toujours avec grand étonnement, que ce n'est pas seulement dans mon cours que Pierre, Vincent ou Aurélie discutent à qui mieux mieux.

De même, depuis quelques trimestres, je remarque que nous hésitons moins à signaler ces comportements sur les bulletins. Personnellement, je ne le fais que depuis l'année dernière. Jusqu'ici, j'étais prise, au moment de porter les appréciations et sans trop savoir pourquoi, par une brusque tendance à l'amnistie qui me faisait oublier toutes les fois où j'avais tancé l'élève pour ses conversations débridées. « Bon trimestre », « Travail satisfaisant », « Des efforts à l'écrit et une bonne participation » prenaient toute la place de la case à remplir et n'en laissaient aucune au complément qui pourtant s'imposait : « Authentique pipelette », « Ne sait pas tenir sa langue », « Dérange tout le monde par ses bavardages ».

Aujourd'hui, je me fixe plus d'objectivité. En revanche, lorsque, en conseil de classe, nous discutons de l'appréciation finale, nous hésitons encore souvent à garder la mention du bavardage, par peur de nuire à la poursuite d'étude de l'élève ; nous recréons alors l'impunité contre laquelle nous luttons pourtant dans nos classes. Car nous croyons encore, à tort ou à raison, que ces annotations de fin de bulletin joueront un rôle important dans l'analyse des dossiers que mèneront les jurys des IUT, BTS ou classes préparatoires. Nous avons scrupule à barrer la route à un élève qui n'en a eu aucun à gêner le cours tout au long du trimestre. Et nous en faisons cadeau, sans les avertir, aux collègues de l'année suivante.

Bref, jusqu'à très peu de temps, au sujet du bavardage de nos élèves, nous, professeurs, nous nous taisions. Chut ! Motus et bouche cousue !

La raison en était simple et elle m'est apparue brusquement, le jour de novembre dont j'ai parlé plus haut. La cause de notre mutisme, la voici : nous nous estimons coupables. Si les élèves s'autorisent à bavarder, bien sûr, c'est de notre faute. Nous ne faisons pas ce qu'il faut, nous ne dispensons pas de bons cours, nous ne captivons pas les élèves, et surtout, surtout, nous souffrons d'un défaut majeur : nous n'avons pas d'« autorité naturelle ».

Ce modèle, ce mythe, cet idéal de l'Autorité naturelle nous a bâillonnés pendant deux ou trois décennies. C'est nous qui ne savons pas nous y prendre, c'est nous qui manquons fondamentalement de ce type de présence qui en impose sans avoir à proférer la moindre menace, magiquement.

Or, maintenant que nous commençons à en parler entre nous, nous voyons que nous sommes tous concernés. Dans un conseil de classe, il suffit qu'un collègue amorce le sujet pour que tous renchérissent. Le consensus se fait très vite sur tel ou tel élève, par petites touches d'abord, puis plus résolument. Il y a peut-être des degrés de chaos sonore selon les matières, selon les personnalités des enseignants, mais tous les cours sont touchés et le silence est partout un combat.

Je suis maintenant persuadée que la première chose à faire dans notre manière d'appréhender le bavardage est d'en finir avec cette culpabilité : si les élèves bavardent tout au long de mon cours, ce n'est pas parce je n'en ai pas (de l'autorité naturelle), et ce n'est pas non plus parce que je ne sais pas les intéresser (j'ai fait suffisamment d'efforts dans ce sens). C'est tout simplement parce que le bavardage est maintenant devenu normal. Chaque classe, peu ou prou, se présente selon la proportion suivante : un tiers des élèves ne sait pas contrôler son bavardage, un autre tiers se laisse très vite gagner par cette compulsion, un tiers se tait naturellement. Ce fléau normal réclame qu'on en parle, qu'on alerte les parents et qu'on cherche activement des solutions pour pouvoir encore faire cours. Car le bavardage tue la classe, pollue les cours, épuise les profs, disperse les élèves.

Donc me voici : je sors du placard. Je fais mon coming-out : je suis une *prof bavardée* !

Et je ne suis pas une brebis galeuse, un rebut dans mon corps de métier. Je suis tout simplement chargée d'enseigner.

Ce qu'ils en disent

Céline : La plupart du temps, je parle du cours. Vous, vous mettez tous les bavardages sur le même plan, ce n'est pas juste.

Fanny : Oui, moi, madame, c'est un peu pareil, je parle du cours avec mon voisin parce que je ne suis pas sûre de ce que j'ai à dire. C'est comme si je testais d'abord sur lui mon idée avant de la dire devant tout le monde. Je suis timide, c'est pour ça.

Céline : Il y a aussi le cas où je n'ai pas compris quelque chose, alors je le demande à ma copine, parce que je ne veux pas intervenir pour ça, pour un petit mot que je n'ai pas entendu.

Geoffrey : Ça m'arrive aussi d'avoir quelque chose à dire dans le débat, mais je n'ai pas envie de lever le doigt pour attendre mon tour. Ça se comprend : soit ça ne sera plus le sujet de la discussion quand vous me donnerez la parole, soit je l'aurai oublié. Alors je préfère le dire tout de suite de mon côté.

Arthur : Et puis quelquefois, dans un débat, quand quelqu'un a la parole à l'autre bout de la salle, qu'en plus il parle dans sa moustache, on n'entend pas ce qu'il dit ou bien ça dure des heures, c'est dur à suivre. Vous parlez avec lui, et nous, on ne se sent plus concernés. Alors on est tentés de bavarder en attendant, c'est normal.

Marie : Parfois, on parle justement parce qu'on est tellement d'accord avec ce que vous dites dans le cours qu'on a plein d'exemples qui nous viennent à l'esprit. Mais on ne va pas les dire devant tout le monde ! On ne va pas lever le doigt pour dire : « Oui, madame, je suis totalement d'accord avec vous, d'ailleurs moi j'ai telle expérience qui prouve exactement votre idée ! » Alors on le confie à son voisin et c'est là qu'on part dans une discussion parallèle.

Arnaud : Et quand quelqu'un vous parle, c'est pas possible de lui dire : « Tais-toi, je veux suivre le cours. » Ça se fait pas, on pourrait se faire mal voir après.

V

Yapakmoi !

Qui parle ?

Prise dans mon propos, désireuse de répondre à une objection qui vient de m'être faite, ou concentrée sur l'intervention d'un élève qui prend part au débat, je suis gênée par un brouhaha, je perçois que l'attention de tout le monde n'est pas dirigée vers la même personne, celle qui dispose de la parole.

Mais d'où viennent ces remous sonores ? Qui a commencé ? À qui faut-il s'en prendre en premier ?

Stopper le bavardage pose à l'enseignant un problème technique. En effet, à qui doit-il s'en prendre ? Par qui commencer ?

Fluide, volatil, contagieux, le bavardage n'a pas d'origine, et donc pas de coupable unique. On finit par parler de lui comme de l'unique maître qui règne sur la classe : le Bavardage frappe, aléatoire, inassignable et partout présent. Qui parle ? Le Bavardage.

N'ayant pas d'autre choix, soucieuse aussi de faire aboutir la discussion et d'en présenter bientôt la synthèse pour que les élèves en gardent une trace sur leurs cahiers, je veux rétablir le silence au plus vite et je tire dans le tas :

– Caroline, taisez-vous !

Pourquoi Caroline ? Parce que j'ai souvent eu maille à partir avec elle sur ce sujet ? Parce qu'elle est dans mon champ de vision ce jour-là ? Pourquoi pas Florian qui pépie sans arrêt sous mon nez ? Je n'ai guère de raison, et Caroline ne manque pas de me le faire remarquer :

– Pourquoi moi ?! réplique-t-elle aussitôt, outragée et agressive. Pourquoi c'est toujours moi ? insiste-t-elle, de mauvaise foi.

– En effet, vous n'étiez pas en train de parler ! Vous êtes tout à fait innocente !

Ça y est, moi aussi, je suis repartie dans mes répliques sans fantaisie, accusatrices, inefficaces, qui ont l'art de faire tourner en rond l'établissement des faits.

– Mais je ne suis pas la seule à parler !

Je préfère abandonner le combat. Elle sait très bien que, en prenant les choses ainsi, elle me met facilement dans mon tort. De mon côté, j'opte pour me calmer d'abord, quand je pressens que ce déni, entendu mille et mille fois, va me faire sortir de mes gonds. Car un élève qui se défend en pareil cas réagit une fois sur deux ainsi : « Y a pas que moi ! » La formule est tellement mécanique, tellement prévisible que, en mimant le « keskipudonctan » de Raymond Queneau dans *Zazie dans le métro,* je propose de l'écrire d'une traite : « yapakmoi ». Et surtout il faut l'entendre déclamée sur le ton révolté de celui que l'on atteint dans son sens intime de la justice.

« Yapakmoi » est maligne : elle a raison ; il n'y a rarement qu'un seul élève qui bavarde. Je suis donc facilement coincée de ce côté et j'ai beau rétorquer : « Il n'y a pas que vous, mais il y a vous ! », ou : « À votre place, je m'excuserais plutôt que de me réfugier derrière les autres ! », je suis dans une impasse.

Le bavardage est comparable à la rumeur : on en cherche en vain l'origine. Il n'a pas d'auteur. Voilà pourquoi il est ni plus ni moins un *fléau*, bien plus difficile à juguler que toutes les autres infractions au règlement. Pour tous les autres délits, retard, absence, parole discourtoise, travail non fait, la faute se montre en même temps que le coupable et on peut engager après coup un dialogue avec le fautif. Mais le bavardage, telle une hydre, actionne ses multiples bouches uniformément réparties dans la classe. Sans qu'elles aient mené ouvertement une concertation officielle, elles agissent ensemble et se soutiennent à la moindre attaque. Il leur est alors facile de se dénoncer mutuellement pour mieux s'innocenter chacune et le pauvre meneur de jeu qui cherche à les faire taire est aussitôt réduit à l'impuissance.

« Yapakmoi » a une acolyte : « jparlèpa ». À elles deux, elles occupent les quatre cinquièmes du terrain. Les yeux écarquillés par le sentiment de l'innocence bafouée, l'élève, encore penché sur son voisin, la bouche pleine de la phrase qu'il s'apprêtait à finir, tourne son visage vers le professeur décidément injuste et enchaîne : « Mais je ne parlais pas, madame ! »

Avec cette dernière formule, le sang froid du professeur est mis à plus rude épreuve encore, puisque c'est toute son objectivité qui vacille. À la différence de yapakmoi, jparlèpa ment sans aucun scrupule.

Chaque fois, malgré l'habitude, les bras m'en tombent :

– Soit vous affabulez ouvertement, et c'est grave, soit vous êtes sincère, et c'est plus grave encore ! Vous ne vous rendez même plus compte que vous parlez !

– Mais, non, madame, je vous assure, je parlais pas !

– Ça en fait, du bruit, quand vous vous taisez !

La formule se poursuit parfois avec un argument supplémentaire, un argument du chaudron exemplaire :

– Je vous assure, je ne parlais pas, je demandais juste un effaceur pour corriger une faute d'orthographe.

– Eh bien, vous en prenez, du temps, pour obtenir un effaceur !

Évidemment, plus je réplique, moins l'élève se rend. Il conserve en général son expression d'innocent incompris, effaré qu'on ait quoi que ce soit à lui reprocher ; et, quelques minutes plus tard… on le retrouve en pleine discussion.

Il faut reconnaître néanmoins que dix pour cent des élèves environ, lorsque je leur demande le silence, reconnaissent leurs torts, s'excusent d'un air désolé et rajustent leur conduite. Mais hélas, eux, ce sont les bavards occasionnels, ceux qui restent attentifs la plupart du temps et auprès desquels j'ai rarement à intervenir.

Tous les autres, les bavards impénitents, les tchatcheurs chroniques, ceux qui bavardent comme ils respirent, sapent la communication collective, non seulement par le bruit qu'ils produisent, non seulement par le climat d'agitation et d'éparpillement qu'ils instaurent, mais aussi par l'inconscience ou la mauvaise foi qu'ils affichent lorsqu'on les met face à leur attitude.

On l'aura compris, pas facile, dans ces conditions, de trouver par quelle corne prendre ce taureau.

Qui parle ?

Tout le monde, personne.

Il est urgent que nous apprenions à nos élèves que certaines circonstances au moins, sinon toutes, réclament un auteur de la parole, soucieux de la valeur de son message et des conditions essentielles à toute communication.

Ce qu'ils en disent

Steven : Tout le monde bavarde, de toute façon. On voit personne qui se taise constamment.

Ophélie : Ça, c'est pas vrai. Y en a qui sont toujours silencieux. Prends Olivier, par exemple, je ne sais pas s'il écoute, mais en tout cas on ne l'entend jamais.

Steven : Oui, mais Olivier, il est à part. Regarde, si on ne bavarde pas, alors quand est-ce qu'on va parler ? Le lycée, c'est là qu'on a notre vie sociale, nos copains, alors si on ne discute pas pendant les cours, on n'a pas assez de temps pour le faire le reste de la journée. Et le soir, c'est trop tard.

VI

La génération du zapping et du texto

Lorsque j'en parle autour de moi, à des amis, à des collègues, à des psychologues ou des professionnels de l'enfance, j'entends des explications du phénomène. Car il doit bien y avoir des causes à une réalité aussi répandue dans les classes.

Nous sommes tous d'accord : il y a trente ou quarante ans, lorsque j'étais moi-même élève, ce phénomène était bien moins répandu. Il y avait des bavards, certes, mais ils étaient minoritaires, on pouvait facilement les désigner comme des particularités, voire des cas pathologiques. On connaissait aussi des chahuts, c'est-à-dire des débordements, mais leur caractère explosif montrait bien justement qu'ils restaient exceptionnels et que la discipline, le reste du temps, était reconnue et respectée par le plus grand nombre. Aujourd'hui, c'est plutôt l'inverse : plus de grands chahuts, mais une indiscipline banalisée. Il faut donc que la société ait changé et c'est ce qu'on me fait souvent à juste titre remarquer lorsque je confie mon désarroi.

– Ah oui, me dit un ami mieux informé que moi, ça, ça vient de la télévision. Toi, tu ne la regardes quasiment jamais, donc tu ne te rends pas compte de ce que c'est : des contenus souvent indigents, un style racoleur qui invite peu à la réflexion, peu de démonstrations étoffées ni d'exposés suivis. L'attention, on l'applique à un objet que l'on veut approfondir parce qu'on en reconnaît la valeur. Eh bien, la télévision ne la réclame pas souvent et, par suite, elle ne l'éduque pas. Au contraire, elle captive les yeux et les oreilles en multipliant les surprises, les effets de pseudo-nouveauté et les informations aguicheuses. Et cela va plus loin, car, à travers sa méthode, la télévision répand l'idéologie selon laquelle un sujet n'est digne d'intérêt que s'il déclenche en permanence la curiosité de son spectateur. Le spectateur ne doit avoir aucun effort à faire, il faut qu'il ait toujours du plaisir et rien que du plaisir. Sur la plupart des chaînes et en particulier sur celles qui sont le plus regardées, toutes les émissions sont tellement saucissonnées qu'on ne reste jamais plus de quelques minutes sur un même sujet. Et les débats ! Tous s'y coupent la parole, et les journalistes écourtent constamment les interventions de ceux qui veulent un tant soit peu développer une idée. Ce qui compte, c'est qu'il y ait de l'animation, voire de l'agitation, pas du contenu. Ajoute à cela l'usage systématique de la télécommande : non seulement les émissions sont réglées au millimètre pour réclamer le moins d'effort possible, mais en plus les gens zappent au moindre ennui.

– C'est vrai, réponds-je à cet interlocuteur persuasif. Lorsque je recommande à mes élèves de regarder Arte, parce que j'ai repéré une émission en rapport avec un sujet que nous traitons, ils s'esclaffent : « Pas Arte, madame, quand même ! »

Pourtant, même sur Arte, les émissions sont formatées. Je remarque aussi que toute lenteur, dans un film, dans un reportage montré en classe, fait se relâcher beaucoup d'entre eux. En en observant certains, des souvenirs me reviennent de ce qu'était la capacité d'attention de mes enfants à six mois[1].

– Considère, souligne devant moi un ancien camarade d'hypokhâgne, la perte de la valeur de la culture au profit d'autres modèles de réussite sociale, bien moins

1. Dans son ouvrage *Prendre soin : I. De la jeunesse et des générations*, Bernard Stiegler cherche à montrer que les chaînes de télévision pour la jeunesse, type Canal J, renforcent constamment les pulsions et le principe de plaisir des enfants et les matraquent de messages leur insufflant l'idée que ce n'est pas au contact des générations de leurs parents ou de leurs grands-parents qu'ils vivront bien, mais au contraire en s'en détournant. Car, selon lui, la télévision cherche avant tout à s'accaparer du temps de cerveau disponible et elle y parvient facilement par ce biais. Il en résulte, selon l'auteur, une perte de l'attention et de la construction d'un désir véritable.

intellectuels. Tu comprendras alors que nos contemporains, et tes élèves en particulier, éprouvent pour leurs professeurs plus de mépris que de respect.

– Tu n'as pas tort. Une infime partie de nos élèves veulent devenir enseignants, par exemple.

Une amie, frappée par les modes de communication de ses enfants, me signale cet aspect frappant de leur monde :

– Les générations actuelles échangent essentiellement par des formules courtes, et surtout très rarement différées. Et cela grâce à toutes les technologies devenues indispensables, leurs nouveaux objets transitionnels : le téléphone portable, avec textos illimités, les « statuts » sur leurs murs de Facebook, qui favorisent un babil permanent mais éphémère, facile, peu dense, avec des commentaires qui se réduisent souvent à cliquer sur « J'aime ». Dès qu'on a la moindre chose à dire, on l'écrit, on l'envoie, mais en même temps on y met peu de contenu, donc il n'y a pas beaucoup d'efforts à produire pour en prendre connaissance. On se tait peu, on écoute très peu, on réfléchit encore moins.

– Je vois tout à fait. Dans une de mes classes, alors que je demandais le silence, un élève m'a retourné : « D'accord, madame, on n'a pas le droit de parler avec le voisin, mais est-ce qu'au moins on peut envoyer des textos ? »

– Il faut dire, me fait remarquer un psychologue, musicien à ses heures, que notre époque est celle du *bruit* : dans tous les espaces publics, des musiques de fond, des chaînes de radio, et pas des meilleures, bourdonnent sans arrêt à nos oreilles. Le silence est devenu exceptionnel, angoissant même. Combien de minutes de silence par jour un de tes élèves est-il capable de supporter ? Fais le calcul, tu verras !

– Beaucoup d'élèves, en effet, me disent qu'ils ne peuvent pas travailler sans leur « musique ». La musique est devenue l'objet transitionnel des grands. Heureusement, on n'a pas encore sonorisé les cours de récréation des établissements scolaires. Il reste quelques havres de paix !

– N'oublie pas, complète-t-il, de prendre en compte aussi la faible pratique de la lecture : la lecture est une éducation de la concentration, elle nécessite des plages de solitude un peu étendues, elle fait découvrir un discours que l'on déploie à l'intérieur de soi, à son rythme. Or, elle disparaît (on lit surtout des nouvelles brèves, des « dépêches », sur les journaux gratuits, sur Internet). Ce qui captive aujourd'hui, ce n'est plus le discours, le texte, ce sont les images et leur défilement à toute vitesse.

Après réflexion, mon amie mère de famille revient sur le primat qu'elle accordait au progrès technique dans cette affaire :

– Les nouvelles technologies y font beaucoup, c'est sûr, mais en définitive, si tes élèves parlent, c'est pour une autre raison, plus fondamentale : le droit à la parole donné à l'enfant depuis les années 1970, après Mai 68, depuis Françoise Dolto. Note bien, aujourd'hui, on parle constamment à l'enfant, on lui explique une foule de choses, on lui demande son avis et on le prend véritablement en compte. Autrefois, il était censé ne pas comprendre et il devait laisser parler les adultes. Cela conditionne évidemment l'attitude de tes élèves dans les classes.

– Un argument qui convaincrait presque de bénir le bavardage !

J'ai été enfin très intéressée par le mail qu'une de mes collègues m'a adressé récemment sur ce sujet : « En lisant récemment un article sur l'enseignement du psychiatre et psychanalyste bordelais Philippe Lacadée, j'ai pensé à un nouvel éclairage possible sur la question du bavardage dont nous nous entretenons toi et moi si souvent. Dans son texte, il utilisait le concept de « jouissance » pour désigner ce que l'enseignant doit aider en général l'élève à dépasser. Ce qu'il appelle jouissance, c'est un plaisir facile et vain, répétitif, non réfléchi, qui ne comble pas le manque, mais a pour fonction de le masquer. La jouissance, évitant au manque de se manifester, évite aussi à l'élève de réfléchir à son désir. Or, cette notion me semble correspondre exactement au bavardage : en s'y livrant, l'élève étouffe en lui le désir de savoir et de se tourner vers quelque chose de nouveau. Donc pas de désir de connaissance, pas de frustration qui pourrait justifier une demande ou même un besoin d'apprendre. En bavardant, l'élève se remplit du discours de ses voisins et voisines, sa bouche et ses oreilles sont occupées ailleurs. Elles sont perpétuellement en fonction, ce qui occulte le vide qui justifierait l'écoute et la participation au cours. Le bavardage donne un sentiment de plénitude, c'est une sorte de gavage qui rend anorexique par rapport au savoir.

Cette idée me plaît beaucoup, car j'y vois bien ce que je pressens : tout homme a le choix entre un plaisir répétitif, immédiat, qui ne produit aucun progrès, et un plaisir plus délicat à obtenir, plus épanouissant pour toute sa personne et qui génère chez lui de véritables découvertes, donc de vraies joies. Le bavardage est du premier ordre. Ce qui est récent, c'est qu'il s'étend dans les classes devant des professeurs impuissants, mais les générations précédentes devaient avoir d'autres types de jouissance, en fonction de leurs mœurs et de leur développement technique.

Toutes ces hypothèses sont autant de pistes d'explication, j'en suis convaincue. De plus, toutes ces causes se renforcent les unes les autres.

Faut-il y intégrer des causes propres à l'école ? À l'évidence, cette institution a changé. Elle s'est démocratisée au sens où elle accueille plus longtemps des enfants ou adolescents plus divers qu'autrefois, mais aussi au sens où elle donne plus voix au chapitre aux élèves. Elle s'organise beaucoup moins autour de la peur. La crainte d'un pouvoir qui s'impose par lui-même n'apparaît plus comme légitime au sein de l'école. Beaucoup de collègues me disent préférer souffrir du bruit, de l'agitation, de l'indiscipline, plutôt que faire régner la peur. Une éducation par la menace sonne pour eux comme une contradiction dans les termes. Il faut ajouter qu'un enseignant qui voudrait semer l'effroi devrait déployer un arsenal de procédés considérables et maintenir une vigilance constante.

À cette liste de causes historiques, j'éprouve aussi le besoin de joindre des causes plus universelles. Car j'observe, par exemple à l'atelier de danses traditionnelles auquel je participe régulièrement et où la moyenne d'âge est de soixante ans, au bas mot, que le professeur, une femme joviale qui se pose en égale, doit constamment demander le silence pour donner ses consignes. Le bavardage est loin de ne toucher que la génération la plus jeune. De même, je remarque que mes collègues – je l'ai déjà évoqué –, plutôt de ma génération en général, parlent à qui mieux mieux en situation d'impunité : lors de la prérentrée, ils se massent dans les rangs du fond de l'amphithéâtre alors qu'ils se taisent dans des réunions restreintes où ils sont sous les yeux de supérieurs hiérarchiques, ce qui prouve que même les enseignants se taisent par crainte et non par éthique. Il m'arrive également d'assister à des réunions de tous ordres où le public n'a aucun souci de se taire, alors même qu'il a besoin des informations pour lesquelles il s'est déplacé. Une amie conseillère municipale me raconte que, pendant les cérémonies de mariage à la mairie, les invités chuchotent souvent, même aux instants solennels. Je pense également au nombre de fois où, à table, en promenade, en société, j'ai dû rappeler à mes enfants de ne pas couper la parole et d'attendre leur tour pour dire ce qu'ils voulaient dire.

Bref, bien qu'acquise aux explications que l'on invoque devant moi, toutes imputables à la société actuelle, aux nouvelles pratiques des jeunes ou à l'évolution de l'école, j'ai tendance à les considérer plus comme des effets nouveaux de causes universelles que comme des phénomènes strictement contemporains. Parler est naturel à l'homme, sauf chez quelques taciturnes, plutôt minoritaires. Un groupe humain jacasse, pépie, échange, sauf s'il est subjugué par le charisme d'un orateur ou terrifié par la toute-puissance d'un tyran. Et, la plupart du temps, ce caquetage est bien plus là pour faire exister le lien entre les individus que pour véhiculer des contenus essentiels. Écouter, se taire, patienter pour intervenir, réfléchir avant de parler, suivre un raisonnement portant sur un sujet nouveau, respecter l'autre, tout cela relève d'une discipline extrêmement exigeante, quelles que soient les époques et les cultures. Former l'enfant à une telle maîtrise de soi réclame chez l'enseignant beaucoup de ténacité et de doigté.

Je crois avoir su remplir cet objectif auprès de mes enfants, parce qu'en famille l'éducation est plus soutenue, plus facile et plus motivante. Auprès de mes élèves en revanche, je reconnais avoir contourné l'effort à fournir : j'ai sans doute esquivé le travail nécessaire, j'ai jusqu'ici préféré pester contre les comportements plutôt que cherché à les faire évoluer avec bienveillance, inventivité et fermeté.

Ce qu'ils en disent

Quelquefois les élèves incriminent la nature des matières ou la personnalité des enseignants :

Coralie : Les matières littéraires ne réclament pas autant d'attention que les matières scientifiques. Dans les matières scientifiques, on ne peut rien rater, il faut tout prendre en notes sinon c'est foutu pour le devoir, alors que, les matières littéraires, on peut les suivre de plus loin. De toute façon, en français ou en philo, il n'y a pas vraiment de contenu à connaître. Les contrôles se font au *feeling*.

Élie : Certains professeurs ont des manières d'enseigner qui favorisent qu'on se laisse aller. Par exemple, ceux qui ne s'imposent pas dès la rentrée, dans les deux premières semaines, et qui ne font pas peur le reste de l'année, on a tendance à bavarder pendant leurs cours.

Théo : Oui, c'est vrai, et puis c'est pareil avec ceux qui ne s'impliquent pas dans leurs cours, qui n'ont même pas l'air de s'y intéresser eux-mêmes. Ceux-là, on n'a pas envie de les écouter. Ils nous démotivent.

Baptiste : J'ajouterai à la liste ceux qui sont tellement susceptibles qu'on a l'impression qu'ils ont peur de nous. Ceux-là, il faut l'avouer, même si ce n'est pas très glorieux, on a plutôt envie de les provoquer, ça devient un jeu entre nous de les faire s'énerver, un jeu qui prend plus d'importance que le contenu du cours.

Élie : Par contre, avec un prof pour lequel on a de l'estime et qui prend à cœur son cours, et aussi qui nous manifeste de l'intérêt, je veux dire qui s'adresse à nous comme à des personnes et pas seulement comme à des élèves anonymes, on va plus se surveiller soi-même et on tiendra plus compte de ses remontrances.

VII

« Je n'ai pas choisi ce métier pour faire le gendarme ! »

Ou bien : « J'en ai marre de devoir faire la police ! »

Voilà des propos qu'on entend souvent autour de la machine à café, à la photocopieuse, à la cantine.

Car, aux raisons que j'ai citées plus haut pour expliquer la difficulté du professeur à faire régner l'écoute dans sa classe, il faut en ajouter une autre : le profond ennui, la répulsion même, qu'il éprouve à devoir « faire le gendarme ». « Maintenir l'ordre » n'est pas sa tasse de thé, c'est le moins qu'on puisse dire.

Dans la grande majorité des cas, un enseignant aime préparer des cours, il a le goût d'expliquer et de transmettre, il supporte de corriger des copies, il accepte de remplir des bulletins, des dossiers, de participer à des conseils de classe et à des réunions de concertation, de s'entretenir avec les parents pendant les rencontres prévues à cet effet, il va parfois jusqu'à organiser des sorties, des projets divers, malgré ce qu'il en coûte de paperasseries et de soucis de tous ordres. Mais il déteste, sauf cas exceptionnel, surveiller, contrôler, se poser en supérieur, réprimander, donner des ordres, sanctionner, tout ce que les élèves appellent « se faire respecter ».

Et pourtant nous ne pouvons pas nous dérober à cet aspect ingrat de notre fonction. Ceux qui enseignent à l'université ont deux casquettes : ils sont « enseignants-chercheurs ». Nous qui enseignons avant le bac devrions nous nommer « enseignants-surveillants ». Peut-être que si, lors de nos études, nous attribuions ce titre à la carrière que nous briguons, nous tomberions de moins haut une fois le poste obtenu.

J'ai résisté énormément à entériner ce fait. À la hiérarchie, en effet, je préfère l'égalité. À la distance, je préfère la proximité. À la pique ironique, le respect, la douceur. À l'injonction, le dialogue, la recherche d'un consensus. À l'autorité, dans le sens du pouvoir fondé sur la crainte, je préfère l'autorité fondée sur le prestige de la compétence. À l'éducation par la peur, que je nomme volontiers dressage, je préfère l'éducation par l'explication, qui seule fait intérioriser des valeurs.

En matière de bavardage, j'ai donc tenté avec plusieurs classes la négociation et la recherche de solutions inventées ensemble. J'ai exposé mon point de vue, présenté l'impossibilité dans laquelle j'étais de faire cours dans de telles conditions, j'ai écouté les positions des uns et des autres et j'ai sincèrement cherché à les comprendre. Je crois même que, le temps de ces débats démocratiques, les élèves comprenaient les miennes.

À l'issue de ces échanges, nous avons établi des listes de propositions et les avons mises en application.

Avec une classe, il avait été mis en place, par exemple, trois coups en début d'heure, comme au théâtre, frappés par un élève volontaire, qui indiquaient le début de la leçon et devaient signaler la fin des discussions privées. Il avait été établi aussi que, au fil de l'heure, j'indiquerais mon degré de perturbation à l'aide d'une sorte de thermomètre tracé à la craie sur le tableau. Les élèves s'engageaient à en tenir compte. Ils avaient nommé ce schéma le « coléromètre ».

Peu de résultats. Le début solennel, théâtral, est vite devenu un coup d'épée dans l'eau. Le *coléromètre* atteignait des sommets sans que personne ne s'en préoccupe. J'ai abandonné ces solutions qui n'engageaient pas les négociateurs.

Avec une autre classe, après discussions, propositions, votes, les résolutions suivantes ont été instaurées : chaque élève volontaire tiendrait à jour pendant chaque cours une fiche sur laquelle il tracerait un bâton lorsqu'il n'avait pas pu s'empêcher de parler et une croix lorsqu'il en avait été tenté, mais était parvenu à s'en retenir. Je marquais aussi de mon côté sur ma liste un bâton devant le nom de chaque élève dès que je le voyais bavarder. Je ramassais les fiches à la fin de chaque heure, les confrontais avec mes propres observations, commentais les progrès, fixais des objectifs. À la fin de chaque trimestre, il avait été décidé que je mettrais une note d'oral qui tiendrait compte de tout ce processus ainsi que de la participation.

Les cours se sont mieux passés, certes. Le protocole était un peu lourd, mais pas de manière insurmontable. J'ai cependant été vivement déçue lorsque j'ai constaté, au troisième trimestre, après l'arrêt des notes, que les élèves reprenaient aussitôt leurs habitudes de conversations tous azimuts. Au fond, rien n'avait changé. J'avais pensé que cette autodiscipline rendrait les élèves plus autonomes, mais je n'ai pas observé ce progrès.

Un peu échaudée par ces démarches dont l'efficacité était loin de me frapper, j'ai, une autre année, procédé de manière plus directive : dans une classe, comme toujours très sympathique, intéressée, impliquée, mais dont le bruit rendait les cours chaotiques, j'ai expliqué le problème, puis, sur-le-champ, inscrit au tableau les sanctions que je prendrais à partir de ce jour (désigner les places des élèves, imposer un devoir supplémentaire aux indisciplinés, mettre à la porte avec un travail en cas de récidive). J'ai demandé cependant aux élèves si d'autres solutions leur venaient à l'esprit : certains ont proposé que soit imposé un exposé aux élèves trop diserts et qu'une note d'oral soit attribuée en fin de trimestre, qui récompenserait aussi éventuellement la participation. Pour le plaisir, nous avons ajouté à la liste quelques suggestions fantaisistes : les bavards vont au coin, les bavards doivent distribuer des Carambar aux élèves sages, les bavards doivent s'engager à mener des discussions philosophiques avec des élèves de seconde. J'ai

laissé la classe ranger les solutions dans l'ordre qui lui convenait. Est venu en tête le plan de classe dessiné par moi avec note d'oral pour tous.

Avec cette terminale, je dois dire que la mise au point a été particulièrement fructueuse. Pendant les cours suivants, le simple fait de séparer les élèves a été très efficace, même si cela n'a pas été sans conflits parfois. Le mois qui a suivi, qui était pourtant le dernier de l'année (normalement le plus dispersé), s'est déroulé dans un calme remarquable. J'ai ajouté dans la moyenne la note d'oral comme prévu, mais je n'ai eu aucune autre sanction à prendre.

Malheureusement, avec d'autres classes, il ne suffit pas de séparer les élèves pour que tout change. Cela reste néanmoins une technique assez économe en énergie et plutôt profitable, sinon miraculeuse.

On ne peut imaginer cependant ce qu'il m'en a coûté de ne plus reconnaître à mes élèves le droit de s'asseoir où ils voulaient et de choisir leur voisin. Je ne m'étonne pas de constater qu'il m'a fallu au moins douze ans pour m'y résigner. Toujours cette horreur de la contrainte et ce scrupule à rogner la liberté des élèves, même lorsqu'ils en abusent ! À quoi s'ajoute la crainte de commettre l'injustice, sans oublier non plus la peur qu'ils ne m'apprécient plus et me voient comme une vieille bique et, par-dessus le marché, prennent ma matière en grippe[1].

D'ailleurs, cette redistribution des places ne se fait pas sans heurts : l'élève tapi au fond de la classe, au milieu de ses copains

---

1. Mes inquiétudes étaient bien infondées. Je ne remarque aucune réduction des manifestations de sympathie, ni à mon égard, ni à l'égard de ma matière, depuis que j'applique des sanctions. Les études que j'ai pu lire montrent d'ailleurs que la faveur des élèves va aux enseignants qui font respecter leurs valeurs, sans pour autant le faire de manière injuste, arbitraire ni brutale. Selon M.T. Estrela, même, plus les élèves sont indisciplinés, plus ils font la louange des enseignants capables de maintenir l'ordre (cf. M.T. Estrela. *Autorité et discipline à l'école*, Paris, ESF, 1996. p. 70).

et près du radiateur, rechigne à déménager.

– Non, madame, c'est promis... je ne parlerai plus.

– Vous avez déjà dit ça la dernière fois, maintenant vous changez de place et vous resterez au premier rang jusqu'aux prochaines vacances.

– Non, madame, devant, je n'y vois rien. Je vous assure, devant, je n'arrive pas à suivre le cours.

– Vous venez devant ou c'est la porte. Je ne reprendrai le cours que quand vous vous serez déplacé.

Après plusieurs minutes, il bouge en soupirant jusqu'au siège désigné.

Mais, bien sûr, au cours suivant, il fait mine d'avoir oublié et il faut recommencer la scène.

Je ne suis pas la seule à vivre à contrecœur des conflits et surtout des restrictions de liberté aussi minimes que d'assigner une place à un élève. Plusieurs collègues auxquels j'en parle et auxquels je décris la relative efficacité que cela produit m'avouent ne pas pouvoir s'y résoudre, par scrupule et par fatigue anticipée à l'idée de l'inévitable conflit qui s'ensuit.

Il y a même quelque chose d'humiliant pour l'enseignant à en arriver là avec une classe de terminale. Avoir passé des concours aussi exigeants que le Capes ou l'agrégation pour devoir faire appliquer un plan de classe !

Pour ma part, aujourd'hui, je suis moins récalcitrante à l'égard de cette dimension du métier : la surveillance et le maintien des règles.

Je reste intéressée par les discussions, les négociations, les recherches de solutions menées avec les élèves. Elles permettent des prises de conscience chez les deux partis qui négocient, elles développent la créativité dans l'invention des solutions et surtout elles correspondent profondément à l'idée que je me fais de l'éducation, qui est accompagnement du mineur vers l'autonomie. Je n'en attends plus cependant comme autrefois de miracles et je ne crois plus qu'elles puissent suffire. Je suis persuadée aussi qu'elles doivent être reprises régulièrement et que les décisions qui y ont été conclues doivent être réactivées ou retravaillées plusieurs fois au fil de l'année.

Je ne crois plus aujourd'hui à l'éducation d'un groupe sans sanctions, sanctions qui doivent, au départ et dans chaque situation de débordement, comme garde-fous, être décidées unilatéralement par le maître. Je pense maintenant que la discussion autour du bavardage ne peut être un préalable. C'est d'ailleurs une évidence puisque des élèves bavards ne peuvent participer à une séance ordonnée de discussion ! Il faut d'abord qu'ils sachent parler à leur tour, qu'ils aient abandonné le réflexe du babil chronique. Ces séances de négociation collective sont très importantes ensuite pour que les élèves deviennent présents dans leur parole, responsables de ce qu'ils disent et non plus cachés derrière un caquetage qui ne construit rien. Le bavardage est une forme d'absentéisme, alors que l'avis proféré lors d'une séance de négociation est une véritable « prise de parole ». Il est donc essentiel qu'au cours de l'année les élèves fassent l'expérience de séances de ce type, et cela à plusieurs reprises, mais plutôt sur des points moins essentiels et plus négociables que le bavardage. J'ai suggéré déjà que le temps qu'on prend pour ces échanges n'est pas du temps perdu, car il en fait souvent gagner par la suite.

Lorsqu'il s'agit d'une classe, les sanctions m'apparaissent donc aujourd'hui comme le préalable à un comportement plus responsable. Elles doivent être réfléchies par l'enseignant, jamais humiliantes, et aussi justes que possible ; elles peuvent aussi être commentées avec l'élève concerné. Mais je ne pense plus pouvoir en faire l'économie. Je décèle même maintenant dans la répulsion que j'ai si longtemps éprouvée à les appliquer une forme de lâcheté. Je reste convaincue que l'éducation sans punition est possible au sein de la famille parce que celle-ci se fait sur fond d'une affection profonde et d'un accompagnement suivi, mais je vois qu'il n'en est pas de même avec des groupes.

Cette année, depuis le mois de novembre, non seulement je suis parvenue sans trop de remous intérieurs à désigner aux élèves la place à laquelle je veux les voir, mais, lorsque j'ai dû rappeler à l'ordre plusieurs fois un élève, je lui ai donné à rédiger par écrit le sujet qu'il n'était pas en train d'écouter scrupuleusement. J'ai noté le devoir et je l'ai compté dans la moyenne avec un coefficient significatif.

En général, comme je les entends dire, « ça calme ».

Plusieurs même ont reconnu la sanction juste, bien que pénible.

Je m'y résous aussi pour une raison importante : la sanction seule fait exister le bavardage comme acte. La sanction vient entre autres choses *signaler* qu'il y a eu nuisance, *concrétiser* le fait qui, sinon, se dilue dans l'atmosphère de la classe et l'impunité générale. Je formule d'ailleurs la situation de façon à expliciter au mieux que le bavardage est une activité réelle : « Vous aimez faire deux choses en même temps apparemment, alors, tout en écoutant le cours, prenez une feuille et rédigez vos réflexions sur tel sujet. » Lorsqu'ils savent que leurs *discussions* parallèles deviendra un *travail écrit* parallèle, et noté, beaucoup d'élèves tournent leur langue dans leur bouche plusieurs fois avant de la faire marcher.

Je m'astreins donc à instaurer ces sanctions, non négociées, et à diminuer le plus possible mes façons anciennes, orales, de m'en prendre à l'élève, toutes ces remarques, tous ces palabres, qui ajoutent des mots sur des mots et font perdre leur temps aux élèves studieux. Je demande de prendre une feuille, un stylo : par cette mesure concrète, je fais exister le bavardage pour mieux le faire disparaître.

Sur cette base, peut-être pourrons-nous au fil de l'année établir des alternatives, comme je cherchais à le faire autrefois. Peut-être pourrons-nous définir des formules qui reposent plus sur l'engagement de l'élève que sur la simple crainte des punitions. Mais je veux désormais faire exister en premier l'importance du respect à l'égard de la parole et du cours.

« Je n'ai pas choisi ce métier pour faire le gendarme ! »

Il m'aura donc fallu quinze ans pour que je me résigne à surveiller et punir. Quinze ans pour comprendre que c'est le prix à payer pour être meilleur professeur.

Ce qu'ils en disent

Élie a le mot de la fin, magistral et synthétique :

Élie : Pour moi, il y a trois sortes de raisons de bavarder :

1. Je m'ennuie ;
2. Je m'intéresse et je veux en parler avec mes voisins ;
3. Je provoque.

Et les élèves non bavards, qu'en disent-ils ?

Marion : Moi, je ne bavarde pas, car ce n'est pas mon habitude, tout simplement. Question d'éducation, peut-être, ou de nature, ou de respect pour les profs, je ne sais pas exactement au fond. Je ne peux pas dire que je me retienne, ni que j'aie peur de la sanction, c'est plutôt ma façon d'être. Et puis, *a priori*, le cours m'intéresse, je suis là pour apprendre.

Yvan : Vous demandez à quel point les bavardages m'empêchent de suivre le cours. Je vous réponds que, bien sûr, ça dépend de l'ampleur du phénomène. En général, on peut suivre, même s'il y a du bruit, parce qu'on est très habitué, on connaît ça depuis qu'on est à l'école. Dans pas mal de cours tout de même, il faut vraiment être dans les premiers rangs pour pouvoir suivre. Mais, dans quelques cours, l'écoute est totalement impossible. Il y a un tel volume sonore qu'on ne peut même plus parler de cours. Ces cas-là restent exceptionnels.

Marion : En revanche, ce qui est dérangeant dans presque tous les cours, c'est l'effet des bavardages sur le prof : il s'interrompt au milieu de ses phrases, il s'énerve, il perd le fil, quelquefois même il se tait jusqu'à la sonnerie. C'est peut-être surtout par cet impact sur le prof que les bavardages nous polluent et nous ralentissent. Ça fatigue encore plus que les cours eux-mêmes.

VIII

Mes réflexions sur « ce qu'ils en disent »

J'ai bien médité sur les témoignages de mes élèves et ils m'ont inspiré quelques remarques.

Tout d'abord, une contradiction flagrante habite ces descriptions : les élèves estiment juste de parler lorsqu'ils s'ennuient et estiment juste de parler lorsqu'ils sont intéressés. Il faut donc en conclure qu'ils ont toujours une bonne raison de bavarder et qu'aucun cours ne pourra se passer dans un climat d'attention.

Si je prends le cas particulier de l'ennui, je souhaite avancer une remarque. Les élèves attribuent souvent leur manque d'attention au fait que les cours ne sont pas intéressants, à la longueur des journées, à la fatigue. Ils ont en partie raison : je constate, comme tout enseignant, que les bavardages sont plus importants en fin de journée qu'à huit heures du matin, et le vendredi que le lundi, ce qui prouve que leur attitude dépend de leur dose de fatigue. Je remarque aussi que plus le sujet est ardu, abstrait, ou plus il requiert un raisonnement long et approfondi, plus le bruit s'étend.

Pourtant, je ne suis pas convaincue par leur argument du non-intérêt. Je pense plutôt que le bavardage empêche de découvrir l'intérêt d'un enseignement. Le cours, en outre, devient d'autant plus ennuyeux que le bruit se répand. Car alors l'enseignant, sans cesse coupé et gêné, ne peut plus suivre avec fluidité et ardeur le fil de son propos ; il ne peut plus donner le meilleur de lui-même.

J'en veux d'ailleurs pour preuve cette constatation faite maintes fois : les jours où est introduit un visiteur dans la classe, stagiaire ou inspecteur, les élèves se rendent spontanément plus attentifs par le seul fait qu'ils ne se trouvent plus dans un cadre aussi familier que d'habitude et qu'ils se sentent observés. Or, ces jours-là, comme par magie, un intérêt beaucoup plus vif est palpable dans la classe : ils écoutent mieux, semblent prendre plus de plaisir, et je suis moi-même meilleure, portée par leur attention.

Les élèves ont tendance à croire que l'intérêt d'un cours est tout à fait extérieur à eux : pour eux, l'intérêt vient de la matière, du prof, et s'il n'est pas immédiatement au rendez-vous, ils se détournent de ce qu'on veut leur transmettre. Mais la réalité est moins tranchée : les élèves font l'intérêt d'une leçon autant que le professeur. Sur ce point, Montaigne a tout dit : « La parole, écrit-il dans les *Essais*, est moitié à celui qui parle, moitié à celui qui écoute[1]. »

Beaucoup d'élèves contestent que le bavardage soit une nuisance. Mais j'irai même plus loin : pour eux, ce n'est même pas un

1. *Essais*, III, 13.

acte. Pour une partie d'entre eux, mi-complaisante, mi-sincère, bavarder, ce *n'*est *que* former des mots, c'est-à-dire produire des réalités entièrement volatiles, inoffensives, inexistantes même. Donc, bavarder, ce n'est rien, vraiment rien. D'ailleurs, ils formulent implicitement cela lorsqu'ils prétendent, quand je les reprends, qu'ils disaient *juste un petit truc*. De même, quand ils me rétorquent : « Mais, madame, je ne parlais pas ! », alors que je les ai vus le faire, ils font certes preuve de mauvaise foi, mais ils expriment aussi que, pour eux, parler avec le voisin est un non-acte : c'est *ne rien faire*, donc, à plus forte raison, ne rien faire *de mal*.

Pour beaucoup d'entre eux, enfin, on voit que la limite entre penser et parler n'existe pas vraiment. Retenir une idée qui traverse l'esprit est un effort dont ils ne voient pas l'utilité ni l'importance. Certains sont convaincus que suivre le cours, c'est le broder de réactions spontanées, le surligner de mots. Ce commentaire continu peut se faire sur le mode de la dérision, dans le but de faire rire les copains, mais pas toujours. Il peut aussi être leur manière d'écouter le cours.

Ils vivent la parole comme un « besoin naturel » qu'ils ne cherchent pas à réguler, si bien que, lorsqu'on leur impose de suspendre leurs discussions, ils ont l'impression qu'on les soumet à une discipline de fer, qu'on les prive de leur droit d'expression. Leur demander de se taire, c'est presque exiger d'eux d'adopter le garde-à-vous ou de retenir leur respiration. Pour beaucoup, la posture de l'attention concentrée est une véritable brimade.

Il m'apparaît souvent d'ailleurs que cette comparaison avec les « besoins naturels » est digne d'être filée : ils en sont encore à une forme infantile de non-maîtrise de soi. Bavarder, c'est être incontinent de la parole, compisser la classe de jets de mots, être encore incapable de « se retenir ».

IX

La vertu du bavardage

Allez ! Soyons magnanime ! Reconnaissons une vertu au bavardage !

En cherchant bien, on peut certes lui en trouver une petite : il nous permet, à nous enseignants, de mesurer l'intérêt ou l'implication que les élèves prennent au cours que nous sommes en train de leur dispenser.

On pourrait dire en effet qu'une classe toujours muette est peu vivante, réagit peu et ne nous donne non plus aucun moyen de savoir si elle est passive ou absorbée. Elle ne nous pousse pas non plus à chercher des méthodes pédagogiques adaptées, plus actives et plus originales.

Il faut le reconnaître, j'ai souvent été très stimulée par des classes peu scolaires, qui m'ont poussée à inventer des cours plus surprenants, plus ludiques, plus ajustés à leur niveau que ceux que j'aurais faits sinon. Par exemple, dès mes premières années, j'ai mis en place des travaux de groupes que les élèves apprécient le plus souvent, qu'ils font sérieusement et qui leur permettent de travailler ensemble, sans avoir à brider constamment leur parole puisque dans ce cas l'échange est même requis. J'ai souvent été très étonnée de l'investissement qu'ils manifestaient dans ces exercices et de la bonne ambiance de travail et de plaisir mêlés qui régnait dans ces séances. Même si une certaine proportion de leurs conversations ne porte pas sur l'exercice, je pense qu'elle n'est pas supérieure à celle qu'ils auraient passée à penser à autre chose pendant un cours frontal.

De même, j'utilise souvent le jeu pour divers exercices (les élèves s'affrontent en équipes ou jouent tous contre moi), et je crois que le plaisir que nous y prenons, l'émulation qui stimule notre énergie, ne nuisent pas du tout, au contraire, au travail. Dans ces séances, j'ai remarqué d'ailleurs une forte implication et beaucoup d'attention spontanée. J'utilise en particulier souvent le jeu pour ce qui concerne l'apprentissage du cours et sa restitution. Comme alternative à l'interrogation écrite, le jeu est plus stimulant, marque mieux la mémoire et crée beaucoup de lien entre nous.

Enfin, il est vrai que parfois le désordre verbal qui s'installe dans la classe est un signe : le sujet abordé captive tellement les élèves qu'ils ne peuvent pas s'empêcher d'en parler avec leurs voisins. Cette élévation du niveau sonore est alors une indication précieuse pour savoir ce qui concerne véritablement les jeunes de la génération à laquelle on a affaire. L'enseignant peut ensuite reprendre ces préoccupations, qu'il décèle ainsi clairement, pour ancrer son cours dans l'intérêt des élèves. Si les élèves étaient toujours muets, il ne pourrait pas si facilement bénéficier de ces repères.

Si je reste persuadée que le bavardage est essentiellement un laisser-aller nuisible, qui empêche même le plaisir d'être ensemble et l'objectif global de l'apprentissage, je garde de ces années où j'ai essayé de rendre les élèves attentifs sans user de sanctions l'envie et le souci de prodiguer un enseignement vivant et actif : le plaisir ne doit pas être exclu des apprentissages. Varier les méthodes pour éviter la monotonie, créer la surprise, user de fantaisie, employer des ruses pour que les leçons s'impriment le plus facilement possible dans les mémoires, vérifier fréquemment que mon enseignement est adapté aux attentes des élèves (par des discussions ou des bilans écrits), je ne renie pas ces objectifs ; au contraire même, j'aimerais poursuivre dans ce sens.

Il ne s'agit surtout pas de rendre les élèves sages pour pouvoir mieux les ennuyer en paix.

X

Parents d'enfants bavards, et si nous joignions nos efforts ?

Comme je l'ai dit plus haut, les enseignants sont loin de signaler à tous les parents concernés, dans les moments de rencontre avec eux, sur les bulletins, que leur enfant est bavard. Il faut vraiment que l'élève le soit compulsivement pour qu'ils le fassent. Mais ceux-là, ceux qui n'ont pu échapper aux alertes des professeurs de leur enfant, comment réagissent-ils ?

Pour répondre à cette question, j'ai dû mener une petite enquête auprès de mes connaissances et parmi des parents de mes élèves. En effet, je n'ai pas d'expérience en la matière : aucun de mes quatre enfants ne m'a été signalé comme bavard en classe. Ils m'entendent certainement trop pester à longueur d'année contre mes propres élèves pour en adopter les travers !

En général, les parents ne considèrent pas le bavardage comme un problème majeur. Ils en éprouvent une gêne, certes, une vague honte parfois, mais ces embarras modérés ne virent pas à une intense inquiétude. Ils regrettent que l'enfant ne profite pas plus du cours et qu'il faille souvent tout reprendre au moment des devoirs ; ils craignent aussi que les enseignants prennent en grippe leur fils ou leur fille. Ils ne voient pas cependant nettement dans le bavardage une faute morale, une faute d'éducation qui leur reviendrait, ni un obstacle sérieux aux apprentissages, surtout si par ailleurs les relevés de notes qu'ils reçoivent les contentent. Ils le voient plutôt comme un trait de caractère plus ou moins congénital (s'ils étaient eux-mêmes bavards) ou une originalité (s'ils ne l'étaient pas). Pour eux, il est bien dommage que leur enfant ne soit pas sage comme une image, mais cela n'est pas du même ordre que ce qui les inquiète et les mobilise véritablement : de mauvais résultats scolaires, des comportements insolents, voire violents, ou un manque de travail patent. Plusieurs affirment qu'ils ne comprendraient pas qu'on punisse leur enfant « juste pour du bavardage ».

Ce n'est pas le cas de tous les parents néanmoins. Certains sont vraiment mécontents et affectés d'apprendre que leur enfant a peu de concentration en cours. Ils se mettent aisément à la place des enseignants et sont désolés qu'ils doivent subir cet irrespect. Beaucoup de ces parents se sentent cependant totalement impuissants pour agir sur ce phénomène. Lorsqu'ils en parlent à leur enfant, celui-ci plaide quelquefois coupable, mais il ajoute souvent qu'il n'y peut rien lui-même, que c'est irrépressible, que les cours sont trop ennuyeux pour qu'on les suive de bout en bout. Le père ou la mère ne voit donc pas du tout comment il peut intervenir, car il a l'expérience que les remontrances qu'il a pu faire à la maison à la suite des plaintes reçues par les enseignants n'ont eu aucun effet à long terme. Il leur semble que le phénomène leur échappe complètement, puisqu'ils ne peuvent être derrière leur rejeton en permanence.

Enfin, j'ai remarqué que, surtout lorsque l'enfant ne réussit pas trop mal, les parents n'expriment pas exclusivement de la réprobation à l'égard de cette agitation verbale. Certains témoignent qu'ils seraient bien plus inquiets si on leur disait que leur enfant était craintif, mutique ou effacé ; au contraire, ils voient dans la parole spontanée et abondante la preuve d'une vitalité qui les rassure, d'une bonne santé psychique, une forme d'aisance relationnelle. « Au moins, à l'école, il est lui-même, affirment-ils, il ne se restreint pas excessivement. » D'autres pensent qu'un enfant bavard est nécessairement un élève qui participe en classe et ils en tirent de la satisfaction. Certains même y décèlent une manifestation d'audace, de résistance à l'autorité, une affirmation de soi, qui leur semblent propitiatoires et qu'ils considèrent parfois avec une pointe d'admiration.

Cette modeste étude va me permettre de mener un dialogue bien plus fructueux avec les parents de mes futurs élèves sur ce problème. Je prendrai désormais plus de temps pour expliquer aux parents mon point de vue et écouter le leur. Mais je voudrais déjà répondre ici à ces réactions les plus répandues.

J'espère avoir démontré au cours des chapitres précédents que le bavardage est bien plus grave qu'on ne le croit, j'espère avoir prouvé à quel point il empêche littéralement le cours de se dérouler. Il constitue un véritable frein aux apprentissages et à la bonne ambiance de l'enseignement. On ne peut pas soutenir qu'il soit anodin.

Je conteste aussi que le bavardage soit si loin qu'on le croit de l'insolence envers le professeur, de la violence à l'égard des autres élèves et de la négligence dans le travail. Il constitue certes une insolence et une violence plus légères que des insultes ou des coups, mais il entre en continuité avec eux. Le bavardage n'est peut-être pas intentionnellement irrespectueux ou agressif, mais il l'est dans ses effets. De plus, il comporte une forme de laisser-aller, de non-maîtrise de soi, qui s'apparente à la paresse dans le travail.

Le bavardage présente aujourd'hui un certain degré de gravité aussi parce que l'élève n'y prend aucun risque. Il agit camouflé puisqu'il est très difficile de savoir qui parle. Celui qui insulte blesse plus sans doute, mais il se risque, s'expose et prend une responsabilité. Bavarder en classe aujourd'hui, c'est agir sous cape, sous couvert de la masse, et c'est donc jour après jour profiter de l'impunité et de la banalisation de l'incivilité commune. Voilà pourquoi je soutiens qu'on se trompe quand on y voit une preuve d'audace. L'élève audacieux est bien plutôt l'élève qui signifie à son voisin qu'il veut écouter le cours parce qu'il s'y intéresse et qui, par son écoute, se distingue énormément des autres. Nous n'avons aucune garantie qu'un élève bavard sera capable de mener une action risquée contre un pouvoir véritablement abusif ni qu'il est capable d'engager une réflexion sur le caractère juste ou injuste d'un interdit. Bavarder est loin d'être brave !

Je reconnais enfin que le parent n'est pas dans la classe et qu'il délègue dans ce lieu l'éducation de son enfant au professeur. Ce dernier est donc aux premières loges pour faire appliquer les règles qui lui semblent justes, et il est normal qu'il en assume la responsabilité. Cependant il faut reconnaître que l'éducation à l'écoute se fait en grande partie à la maison et que l'école n'y peut pas tout. Nous trouvons tout à fait normal de mener avant l'école avec nos bambins l'apprentissage de la propreté : se retenir à certains moments et se soulager seulement dans certains endroits. Nous y voyons une condition importante de la socialisation et une conduite requise pour la vie de groupe. Pourquoi le domaine de la parole ne serait-il pas susceptible de la même analyse ? Un bébé a le droit de babiller à tout moment, il a besoin de faire l'expérience de sa voix, de son expressivité, de sa capacité de communication, et il est normal que son entourage s'adapte autant que possible à ses explorations sonores. Un bambin (j'appelle ainsi l'enfant qui marche) doit aussi pouvoir exprimer tout ce qui lui passe par la tête, mais progressivement il est judicieux de lui indiquer que cela peut être une gêne pour son entourage. Un enfant plus grand doit apprendre qu'il peut penser sans s'exprimer, si ce n'est pas à propos, qu'il peut garder en mémoire ce qui lui vient à l'esprit pour le délivrer à un moment plus propice, et que « couper la parole » n'est pas une action anodine. Peu à peu, il peut acquérir une maîtrise de sa spontanéité.

Je crois donc qu'il serait bien avantageux que parents et enseignants échangent plus longuement et œuvrent dans le même sens sur ce problème.

Mais, vous qui lisez ce livre, vous êtes peut-être un parent soucieux de cette question, convaincu que le bavardage est nuisible à tous, mais ne sachant que faire pour intervenir dans ce domaine.

À toutes fins utiles, je me permets alors de vous suggérer ici quelques pistes, tout en sachant bien sûr qu'elles ne sont ni exhaustives ni mécaniques. Voici donc quels seraient mes quelques conseils :

– Donner l'exemple : comme toujours en matière d'éducation, c'est le point de départ. Je suggère que le parent donne l'exemple en premier lieu dans sa communication avec l'enfant : qu'il ne lui coupe pas la parole et l'écoute le plus possible avec attention, le moins possible d'une oreille évasive, et cela dès qu'il commence à parler. De plus, bien sûr, plus l'adulte écoute avec soin son conjoint, et autrui en général, plus il met de chances de son côté pour que son enfant l'imite.

– Rappeler sans cesse, sans se lasser, chaque fois que cela se présente et sans s'impatienter, que l'on ne coupe pas la parole. Il est normal de devoir répéter cette règle très longtemps avant qu'elle soit intériorisée. Il faut du temps à l'enfant pour l'accepter et savoir l'appliquer. Je préconise en la matière beaucoup de patience, mais beaucoup de ténacité. Le repas, parce qu'il est quotidien, parce qu'on y profère autant de mots qu'on y absorbe d'aliments, me semble un moment particulièrement propice à cette éducation. Je suis persuadée qu'il constitue un lieu d'éducation fondamental, en particulier en matière de conversation et d'écoute.

– Je propose d'accepter que l'enfant, après l'école, ait souvent besoin de beaucoup parler. Il ne raconte pas forcément sa journée, mais il a une énergie verbale accumulée qu'il a besoin de relâcher, parfois de manière compulsive et désordonnée. Je conseillerais volontiers aux parents de créer les conditions pour que ce flot puisse s'écouler spontanément, soit avec eux, soit avec quelqu'un d'autre de bienveillant. Ici encore manger et parler vont très bien ensemble : le moment du goûter est très adapté à ce soulagement d'une parole qui a besoin de se déverser.

– En général, je préconiserais de beaucoup écouter son enfant, son adolescent, et de beaucoup s'adresser à lui, autour de sujets communs. Suivre des récits, voire des raisonnements un peu longs, par intérêt pour leur sujet ou pour la personne qui les présente, constitue un entraînement précieux.

– On pourrait recommander aussi de bannir le plus possible les discours superposés. Mieux vaudrait ne jamais parler en même temps qu'on regarde un film (en revanche, en parler après l'avoir regardé silencieusement est un moment délicieux), ni discuter sur fond de télévision ou de radio, voire de musique diffusée en permanence. La parole a besoin du silence pour se faire entendre.

– Plutôt que de superviser les devoirs et de les faire avec insistance avec son enfant, je juge plus prometteur pour son rapport au savoir de parler à bâtons rompus avec lui de sa journée de cours et de ce qu'il y a appris, de s'enquérir de ce qui l'a intéressé, d'en être curieux soi-même. Un enfant peut dès le CP faire ses devoirs tout seul. En revanche, il a besoin de ses parents pour faire exister l'appétit de connaissances. Les séances quotidiennes contraignantes de devoirs du soir sont bien moins profitables pour l'enfant que le spectacle de son père ou de sa mère prenant plaisir à se cultiver et à partager ses interrogations et ses connaissances. Plus un enfant intériorise l'intérêt de se cultiver, plus il est motivé et curieux à l'école, plus il y a de chances pour qu'il suive attentivement les enseignements proposés.

– Et puis, bien sûr, échanger autant de fois que nécessaire avec l'enfant sur son habitude de bavarder en classe, écouter son point de vue et exposer franchement, avec conviction, voire haut et fort, le sien. On pourra aussi avec lui imaginer des moyens de réformer son habitude, lui proposer de les tester et reparler avec lui de leur efficacité.

Si ce livre peut favoriser cet échange entre parents et enfants, je n'aurai pas perdu mon temps à l'écrire.

XI

La parole aux collègues

Léo, professeur de mathématiques. Effectue sa première année d'enseignement.

Le bavardage ? Il y en a beaucoup, bien sûr, mais je comprends aussi. Les élèves enchaînent les cours toute la journée, ils ne peuvent pas être silencieux à toutes les heures, ils sont fatigués au bout d'un moment et ils se laissent aller. Se taire demande beaucoup d'autodiscipline et peu sont en mesure de la fournir. Moi-même, comme élève, j'étais assez bavard, j'étais loin d'être toujours concentré. Ça ne m'a pas empêché de faire des études longues. La preuve !

Quand même, lorsqu'ils dépassent les bornes, malgré mes remarques répétées, lorsqu'ils discutent à tout-va plutôt que de faire le travail que je leur demande, je les mets à la porte avec le travail à finir en vie scolaire, mais je n'ai pas eu souvent à m'y prendre de cette façon depuis le début de l'année. Ma tutrice, elle, punit quand elle juge déviant un comportement et elle m'a clairement expliqué ses raisons : elle pense qu'on ne peut pas mener un groupe par la seule persuasion, parce que le groupe possède des lois de fonctionnement qui le rendent moins raisonnable que l'individu. Elle me fait remarquer que les élèves se conduisent souvent en groupe à rebours de ce qu'ils jugent bon lorsqu'ils y réfléchissent. Donc elle préconise un cadre avec des limites aussi claires que possible, renforcées par un système de sanctions. Et c'est vrai que, dans sa classe, il règne un calme vraiment étonnant.

Je comprends ses raisons et j'admire sa manière, mais je ne me sens pas d'agir comme elle. J'évite le plus possible les punitions et je veux surtout instaurer avec mes élèves un climat de sympathie et de compréhension mutuelles. Pas facile tous les jours, mais en gros ça marche. On s'accroche quelquefois, les élèves et moi, mais, finalement, on parvient à se mettre d'accord. Je les fais venir à la fin du cours et on s'explique. En général, dans le tête-à-tête, l'élève se montre moins revendicatif, et moi, je peux mieux comprendre son point de vue aussi.

Est-ce qu'ils écoutent pendant que j'expose la leçon ? Tu me demandes ça comme si je faisais des cours magistraux ! Tu sais, la leçon que j'expose au tableau tout seul, avant de faire faire des exercices, ce n'est plus du tout ce qu'on nous demande ! Lors d'une inspection, on me remonterait les bretelles si je le faisais, et puis, de toute façon, ça ne correspond plus du tout au public que nous avons. Je voudrais bien, c'est sûr, avoir des plages entières où j'expliquerais un point précis avec les démonstrations qui vont avec, mais ça ne servirait à rien ! Je n'aurais pas beaucoup d'oreilles disponibles ! Pendant les cours, moi, je parle finalement très peu. La majeure partie du temps, ils ont des exercices à faire, tout seuls ou avec leur voisin, selon les cas, puis je les interroge, et peu à peu j'en arrive à une synthèse qui concentre ce que je veux qu'ils mémorisent. Or, ça fonctionne : avec cette méthode active, ils se mettent assez correctement au travail, parviennent à peu près à s'écouter les uns les autres quand on met en commun les résultats et j'obtiens en général assez d'attention pour les très courts moments où je prends la parole. C'est un peu frustrant pour moi, je l'avoue, c'est très minutieux à préparer et aussi à mener, et puis ça ne correspond pas à l'image que j'ai du professeur de mathématiques, qui déroule brillamment sa science au tableau devant une salle médusée, mais je comprends qu'on nous demande de fonctionner selon ce principe et je reconnais que c'est bien plus profitable pour les élèves… et même pour le confort du prof !

Annie, professeur de gestion.

Je peux partir à la retraite dans deux ans et je ne souhaite pas prolonger parce que, vraiment, je n'en peux plus. Ce n'est pas le métier dans son ensemble qui m'a épuisée, mais cette part ingrate du travail qui consiste à devoir contenir tout ce désordre des attitudes pour essayer de mener à bien les cours. Parmi ces comportements nuisibles, les bavardages occupent vraiment le devant de la scène, même s'il y en a bien sûr d'autres (les élèves qui copient les uns sur les autres, les interventions déplacées en plein cours juste pour faire rire les copains, les travaux non rendus et les justifications de mauvaise foi). Mais le bavardage, c'est tout le temps : à longueur de cours, il faut chercher à le faire cesser et c'est usant, avec ces classes à trente-cinq élèves en plus, où je ne peux isoler personne parce qu'il n'y a aucune place libre.

Au début de ma carrière, il y a trente ans, il n'y avait pas toutes ces nuisances ; les élèves écoutaient simplement le cours, je n'avais pas à les rappeler à l'ordre constamment. De même, ces contestations, tu sais, quand on donne le travail et que la moitié de la classe monte sur ses grands chevaux : « On a déjà plein de devoirs ! Y a trop de travail dans votre matière ! Vous pourriez pas le donner pour plus tard ? » Cela n'existait pas au début de ma carrière, je n'avais pas à parlementer comme ça chaque fois que je faisais inscrire quelque chose dans le cahier de textes ; les élèves trouvaient normal qu'il y ait du travail à la maison.

Et ça empire ! J'ai constaté qu'une stratégie que j'employais il y a encore un an ou deux ne marche plus cette année : quand il y avait trop de bruit, je m'arrêtais, m'asseyais au bureau et me mettais à remplir le cahier de textes, ou même je sortais des copies à corriger. Les élèves, assez vite, comprenaient qu'ils avaient dépassé les bornes, s'arrêtaient de bavarder et reprenaient pour un moment au moins une posture d'élèves en cours. Eh bien, cette année, je l'ai refait plusieurs fois dans mes différentes classes, et j'ai dû me rendre à l'évidence : ça ne trouble plus les élèves. Ils continuent leurs discussions comme si de rien n'était !

En début d'année, j'impose que les élèves se placent dans la salle par ordre alphabétique. Ça me permet de plus vite retenir leur nom, de voir d'un coup d'œil les absents et ça réduit la probabilité pour que soient l'un à côté de l'autre deux copains qui ont en permanence des tas de choses à se dire. Mais l'efficacité n'en est pas considérable, du moins pas très longtemps.

Punir ? Mettre à la porte ? Je crois que je vais y venir, parce que, oui, je sens que je suis à bout, qu'il n'y a pas d'autre solution. Je vais m'y mettre, on verra si ça arrange les choses. Jusqu'ici, j'ai surtout essayé de m'y faire, et bon an, mal an, j'ai supporté.

Martine, professeur d'histoire-géographie.

Sur la question que tu me poses, ce dont j'aimerais te témoigner surtout, c'est quelque chose que je remarque tous les ans, depuis une bonne dizaine d'années que j'enseigne. Je l'appellerais « le piège de la rentrée » ou « l'illusion de la rencontre ».

Tu vois peut-être à quoi je fais allusion. Je veux parler de cet écueil : lorsqu'on aborde la classe en début d'année, il y a une courtoisie et un respect de la part de tous qui ne correspondent pas à leur état permanent, mais à la situation de nouveauté. Les élèves ne se connaissent pas encore et donc ils sont sur leur garde quant à l'image qu'ils donnent d'eux aux autres, ils ne peuvent pas encore jouer de cette connivence qui leur fera ensuite tirer fierté de leur incivilité parce qu'elle les valorise aux yeux des copains. De plus, ils ne me connaissent pas encore, donc ils observent, et ce n'est que progressivement qu'ils se laisseront aller.

Or, dix ans d'enseignement ne m'ont pas encore donné assez d'expérience pour m'empêcher de tomber dans le piège ! Car je prends encore cette atmosphère aimable et facile pour la nature de la classe. Je ne me méfie pas et je montre le meilleur de moi-même : l'intérêt que je leur porte, le respect que j'ai pour eux et le souci que j'ai de leur point de vue. Je manifeste mon désir de fonctionner sur le mode de la confiance et de la sympathie. Sans compter qu'il y a certainement en moi l'idée que, en procédant ainsi, ils vont m'aimer, espoir qui, je l'avoue aussi, m'anime encore avec celui de leur faire apprécier ma matière.

Seulement, les semaines passant, je me retrouve coincée, parce que leur attitude change et en particulier ils cèdent de plus en plus au bavardage. Et là c'est difficile, car je dois soudain changer de comportement et en particulier sanctionner des personnes que j'ai abordées plutôt par le biais, disons, de l'amitié et de la négociation égalitaire et pacifique, qui est très inefficace pour le bavardage. Les élèves eux-mêmes restent très courtois individuellement, quand je leur parle en privé, mais en groupe ils deviennent irrespectueux et cette dualité est difficile à gérer. Les réprimander, les sanctionner, me demande donc une énergie beaucoup plus considérable que si j'étais restée sur mes gardes dès le début.

J'espère donc réussir à modifier le déroulement de l'année à cet égard et avoir en tête que, la sympathie et la confiance, je ne dois pas les donner *a priori*, mais les attribuer en fonction du comportement des élèves, tel qu'il se dévoile au fil de l'année. Le respect est dû à l'élève, pas la confiance ni la sympathie, pas même la gentillesse.

J'ai besoin d'établir beaucoup plus de distance pendant les premières semaines, de retenir mon désir et ma spontanéité de prof à l'écoute des besoins de ses élèves. Je pourrai ensuite instaurer éventuellement moins de distance avec certains si j'ai pu vérifier qu'ils sont capables de ne pas en abuser. La confiance se mérite : un message que je dois faire passer. Pour l'instant, la confiance, je la galvaude.

XII

Quelques stratégies possibles

En cherchant dans des articles, des livres, sur des sites et des forums, en échangeant avec des collègues, en expérimentant moi-même, j'ai réuni quelques propositions que j'ai parfois adaptées à mon goût et que je soumets ici. Il n'y a évidemment pas de méthode infaillible. Il n'y a finalement que des tuyaux, des orientations qui conviennent plus ou moins à chaque enseignant selon son style propre et celui de chaque classe.

Les petits billets durs.

Une collègue pratique les « petits billets » : elle a toujours sur elle de ces petits papiers avec un dessin amusant, un rappel de la règle et une tâche à faire en mesure de rétorsion, et quand, après moult avertissements oraux, l'élève continue à bavarder, elle lui pose discrètement le billet sur sa table. Elle aime bien ces petits papiers parce qu'ils sont : 1 – *discrets* : on peut les donner sans crier, sans même s'interrompre : il suffit de les déposer sur la table de l'élève qui perturbe. Effet immédiat garanti. 2 – *pratiques* : on ne perd pas de temps à copier la sanction dans le cahier de liaison. 3 – *souples* : si on veut, on peut mettre en place un système de sursis : cette collègue a établi que, quand elle pose le billet sur une table, l'élève est encore « en sursis ». S'il ne se fait plus remarquer, elle reprend son billet à la fin du cours et il ne l'applique pas. Mais s'il dérape à nouveau, il colle le billet dans son cahier de liaison. 4 – *pas trop bêtes* : elle choisit des tâches un peu moins dénuées de sens que les lignes du type « Je ne dois pas bavarder ». 5 – *efficaces* : du moment qu'ils restent exceptionnels.

Interros et autres surprises.

– Baisser le volume de la voix progressivement tout en continuant le cours. Les sérieux feront taire d'eux-mêmes les agités.

Surtout ne pas répéter la partie de cours qui a été mal entendue et, pour finir, faire une interrogation écrite pendant le dernier quart d'heure sur cette partie de la leçon. Les élèves agités comprennent vite que se disperser n'est pas bon pour la moyenne.

– Ne jamais user des « attention si tu continues » ou de « premier avertissement », car il n'y a que des effets pervers à ce genre de positionnement. De toute façon, la règle est posée en début d'année. Préférer des mesures immédiates qui font jurisprudence.

– Pas de punition type : en changer tout le temps. Il ne faut pas que le prof soit prévisible.

– « Tu pourrais parler plus fort s'il te plaît ? Je ne t'entends pas bien. »

– « Tu peux répéter, ça m'intéresse. Si si, répète bien fort. Non ? Alors maintenant tu te tais. »

– « Tu es gentil, tu arrêtes de draguer ta voisine, tu continueras à la recréation, parce que là on est en cours. » (Terriblement efficace sur les garçons.)

– Se retourner, se taire, les regarder et attendre. Et ne pas reprendre le cours tant que le silence total n'est pas revenu. Ne rien dire. Juste penser à l'interrogation-surprise que l'on va distribuer si cela ne s'arrête pas très vite. Les élèves sentent qu'un mauvais coup se prépare et en général ça s'arrête rapidement.

L'explicitation collective ou individuelle.

– Instaurer régulièrement une discussion sur la vie de la classe, sur les règles, sur le déroulement des cours pour faire que les règles ne soient pas une pure et simple domination.

– Il est préférable de toujours dialoguer en privé avec l'élève en faute avant que le problème ne prenne des proportions de crise. L'enseignant peut alors éventuellement s'entendre avec l'élève sur un signal à donner lorsqu'il dépasse les limites d'une conduite acceptable ou de ce qui est tolérable. Cela favorisera le rappel de ses attentes envers lui.

– L'écriture comme remédiation : l'écriture permet de mettre à distance ses émotions. Préparer des fiches d'excuse, de réintégration, de réflexion : l'élève qui commet un manquement, une faute, s'isole et remplit une petite fiche. Il écrit ce qu'il a fait, ce que l'autre a pu ressentir, ce qu'il est prêt à faire pour s'amender.

L'intransigeance.

– Certains élèves peuvent être d'une mauvaise foi incroyable par rapport à leur bavardage. Se méfier de ces élèves-là. C'est avec eux qu'on a les plus gros conflits. Un élève qui rétorque : « Je ne parlais pas », ou : « Il n'y a pas que moi », est le plus souvent un bavard chronique, prêt à se défendre à l'infini, car il a mal intégré les valeurs essentielles. En général, ceux-là, les déplacer très vite et maintenir la consigne toute l'année. Avec eux, on peut aussi jouer l'ironie et mimer sa mauvaise foi : les faire se déplacer sans avancer de raison particulière et prétendre que c'est complètement arbitraire. On peut même prétendre : « Non, tu n'as rien fait, c'est mon bon plaisir ! » L'élève ne peut donc pas se défendre sur le terrain de l'injustice et ne peut prendre ses camarades à témoin.

– Un collègue, lorsqu'il est fatigué du bavardage, prévient que le premier à qui il fera une remarque prendra la porte. Il se prépare psychologiquement, car il veut absolument le faire, quitte à renvoyer un élève qui n'est pas la source principale du bruit. À dessein, il ne prévient pas s'il y aura ou non une punition en plus. Si l'élève qu'il renvoie est un récidiviste notoire, il lui demande de recopier deux ou trois pages du livre du chapitre en cours. Si l'élève n'est qu'un brave garçon qui a été surpris au mauvais moment, le fait d'être renvoyé suffit largement. C'est souvent même très efficace pour l'ambiance de la classe, car les élèves s'aperçoivent que l'enseignant met à exécution ses menaces. Il lui est arrivé de devoir renvoyer quatre élèves avant d'obtenir le silence.

Le recours à un tiers.

– Quand un élève qu'elle reprend ou punit parlemente, une collègue rétorque une seule fois : « Maintenant, vous faites ce que je dis, et, si vous voulez, nous prendrons rendez-vous cette semaine pour nous expliquer devant le CPE ou devant le proviseur adjoint. » 99 fois sur 100, l'élève lui obéit. Une fois, un élève l'a prise au mot et, à l'occasion de l'explication chez le CPE, elle a reconnu que cet élève avait de vrais arguments et qu'elle l'avait puni injustement. Le CPE a très bien joué son rôle de médiateur et l'entretien a été très fructueux. L'élève et la collègue ont fini l'année en excellents termes. De plus, le reste de la classe a su qu'elle n'avait pas proféré de paroles en l'air et qu'elle pouvait reconnaître ses torts, et cela a été bénéfique pour le respect et la confiance mutuelles.

Le bavard en meneur de jeu.

– Organiser régulièrement des exercices, des débats, dans lesquels un élève est mis en situation de distribuer et de gérer la parole. Noter éventuellement cette prestation et l'intégrer dans la note d'oral. Choisir bien sûr un élève bavard pour qu'il se rende compte de l'importance de la discipline. Cela ne marche que s'il s'agit d'un bavard sûr de lui, pas si c'est un bavard timide. Le bavard timide, lui, qui se repère assez facilement, il faut plutôt l'interroger très souvent. Il faut lui montrer qu'on tient à l'entendre et valoriser ses prises de parole si possible.

Interdiction de prendre des notes.

Plusieurs fois par an, mener l'exercice suivant : avertir les élèves que pendant le cours qui suivra, cours plutôt magistral qui durera environ quarante minutes, il leur est interdit de prendre des notes et qu'ils auront ensuite un quart d'heure pour reconstituer l'essentiel. Cet exercice de synthèse sera réalisé d'abord par groupes de cinq, puis par groupes plus restreints, puis la dernière fois individuellement. Les avertir aussi que quelques comptes-rendus seront ramassés et notés. L'exercice est assez fructueux pour la mémoire et la concentration, sans qu'on puisse en mesurer scientifiquement l'efficacité. Paradoxalement, il fonctionne bien avec des cours un peu difficiles. Certains élèves trouvent le protocole assez stimulant et se prennent au jeu. Et alors, pendant l'exposé, ils s'insurgent d'eux-mêmes contre le moindre bavardage !

Questionnaires participatifs.

– Deux fois dans l'année, avant les deux premiers conseils de classe, faire remplir un questionnaire individuel, non anonyme, assez précis, sur les cours et l'organisation du travail en général. Parmi les questions, demander aux élèves s'ils s'ennuient, si le niveau de difficulté leur semble adapté, s'ils se sentent en général assez entraînés pour le bac, s'ils souhaiteraient des améliorations ou s'ils ont des propositions à faire. Les avertir que l'enseignant ne pourra pas répondre à tout (il n'est pas Dieu), mais qu'il fera son possible. La fois suivante, présenter un bilan de leurs questionnaires et reparler des modifications à apporter ou des suggestions qu'ils ont faites. Cela prend un peu de temps sur le traitement du programme, mais introduit quelques respirations qui renforcent la confiance et le sentiment que professeur et élèves œuvrent dans le même sens. Cette démarche donne l'occasion aux élèves de réfléchir à leurs attentes, de les exprimer, et elle permet à l'enseignant de s'y adapter autant que possible. Il se sentira alors plus légitime ensuite quand il exigera une écoute attentive[1].

---

1. Dans ce chapitre, je me suis librement inspirée de conversations avec des collègues, ainsi que de blogs, sites ou documents trouvés sur Internet : blog Charivari à l'école, site Cent20.net, blog conseil-de-prof, compte-rendu d'une conférence d'Eirick Prairat « Le désordre scolaire », à lire sur Internet en fichier OpenOffice. Je signale que, de ce même auteur, j'ai lu avec beaucoup de profit et d'admiration un petit livre clair, riche, humain et pratique : *Questions de discipline à l'école*, Érès, 2003.

XIII

Derniers mots des collègues

Nathalie, institutrice depuis dix-sept ans.

Là, tu m'interroges sur ce qu'il y a de plus dramatique pour moi dans ce métier. S'il n'y avait pas ce bavardage incessant, ce bruit épuisant, usant, je serais radieuse dans mon travail. Mais il me fatigue au contraire tellement que je ne peux le pratiquer qu'à mi-temps pour pouvoir le supporter.

Comme je suis remplaçante, j'ai une large palette d'expériences : j'ai fait la classe dans tous les niveaux, de la maternelle au primaire, et j'ai changé très souvent d'école. Ma conclusion est la suivante : à l'école, le silence est exceptionnel ;

à l'école, l'écoute est un état de grâce miraculeux. Lorsqu'un maître a eu dix minutes d'attention soutenue dans une classe, on le retrouve exultant à la récréation suivante, annonçant à qui veut l'entendre que sa matinée « a incroyablement bien marché ».

Plus les enfants sont jeunes, plus il faut ajouter aux bavardages le bruit des corps qui tiennent difficilement en place : les chaises qui raclent le sol, les trousses qui se répandent à terre, les enfants qui tombent parce qu'ils se balancent sur leur siège, les cris d'exclamation parce qu'ils ont compris quelque chose ou raté autre chose. Mais, peu à peu, ces gesticulations s'ordonnent et se font plus discrètes : seules restent les inextinguibles conversations. De ce côté-là, il n'y a guère d'évolution entre une classe de CP et une autre de CM2. Entre ces deux niveaux, le gain d'attention spontanée s'évalue à cinq minutes tout au plus. On dirait que la plupart des enfants ne se sentent exister qu'en parlant. « Je parle, donc je suis » serait le fond de leur rapport à eux-mêmes. C'est du moins l'hypothèse que je propose.

Il y a quelques années, dans la classe voisine de la mienne, officiait un des rares maîtres que j'aie connus qui parvenaient à obtenir de leur classe le silence complet. Je n'entendais jamais de l'autre côté de la cloison le brouhaha classique de mes propres élèves. En revanche, je l'entendais, lui, égrenant presque constamment sur un ton élevé, sec et menaçant un interminable chapelet d'injonctions précises, comme s'il devait commander le moindre mouvement de sa troupe. « On sort son cahier, on prend le stylo à quatre couleurs comme j'ai dit, on recopie la date, on se tait sinon je me fâche, on ouvre le livre de grammaire à la page 36, je ne répéterai pas la page, il fallait écouter… » Toute l'année, il a dû exercer sur sa classe ce contrôle de tous les instants.

À l'autre extrême, j'ai cette année une jeune collègue en charge d'un CP qui accepte sans limite le bruit des enfants. Elle est persuadée que ça ne les gêne pas, que ça ne les empêche pas d'apprendre et qu'ils ont besoin de tous ces mouvements et de toutes ces interactions entre eux. Elle ne se fâche donc jamais et parvient à tenir le coup. C'est vrai que sa classe fonctionne, même si je la trouve tout de même très fatiguée. Je ne sais pas comment elle peut supporter cette situation.

J'ai cessé la peinture – chaotique –, les sorties – épouvantables –, les activités par ateliers – ingérables –, pour en revenir à des méthodes simples et classiques qui maintiennent à peu près l'équilibre des forces en présence. Du coup, je m'interdis toute fantaisie, et mon travail est devenu triste. Il faut en général au bas mot vingt minutes pour s'engager dans une nouvelle activité, ranger le matériel précédent et sortir le suivant, expliquer la consigne. À chacun de ses changements, les enfants repartent dans des discussions tous azimuts qui couvrent ma voix. Alors j'attends en essayant de ne pas trop perdre ma patience ni ma motivation. Je suis souvent désolée de remarquer qu'une seule activité parvient toujours à créer un petit répit : recopier une page ou une leçon. Donc cette année, lorsqu'un enfant dépasse les bornes, je lui fais recopier une poésie et lui impose de l'apprendre par cœur.

Entre collègues, nous évoquons ce phénomène, mais, finalement, nous l'esquivons aussi beaucoup. Chacun le supporte sans trop s'étendre sur la question. On sent toujours dans les remarques qui parfois tout de même nous échappent que la majorité d'entre nous se sent coupable de ne pas arriver à capter l'intérêt des écoliers. Nous sommes nombreux à rester convaincus que c'est de notre faute. Mais, si j'y réfléchis, je crois que c'est une hypothèse erronée.

Valérie, professeure d'histoire-géographie au collège.

Dans les petites classes du collège, les bavardages relèvent plutôt de petits moments d'inattention et de déconcentration que de vraies conversations. C'est donc beaucoup plus facile à juguler. Peu à peu, en quatrième et en troisième, le bavardage se développe et devient beaucoup plus difficile à arrêter. En troisième, on voit vraiment s'implanter le bavardage, qui manifeste l'absence d'intérêt pour le cours et la primauté donnée à la communication avec les copains plutôt qu'à l'apprentissage. Beaucoup d'élèves viennent en cours dans un état d'esprit pénible : avant tout pour discuter avec les voisins, et puis, accessoirement, suivre ce que dit le prof.

Il faut dire qu'en sixième et en cinquième, le cours est très fractionné et ritualisé : il se partage entre des moments où je parle, des exercices, des mises en commun, des corrections. Donc, c'est plus varié, et l'exigence est moindre en termes d'écoute. En quatrième et en troisième, elle augmente, alors que les élèves n'en ont pas acquis la capacité. Ce décalage entraîne peut-être le bavardage. J'encourage les élèves à faire les exercices à deux ou trois et, par suite, je tolère tout à fait un bruit de fond pendant ces phases-là. Mais, quand c'est moi qui parle ou qu'un élève passe au tableau, je réclame le silence.

Avec certains élèves très agités, je sais assez vite que je dois mettre de l'eau dans mon vin. Je les place devant et les reprends souvent, mais je ne les tiens pas constamment en bride et j'essaie de ne pas trop le montrer pour que les autres n'aient pas un sentiment d'injustice. En général, ça passe à peu près.

Quand je n'ai pas le silence requis, j'adopte diverses stratégies. Il faut dire d'abord que, après deux semaines d'observation après la rentrée, je fais un plan de classe et je sépare les associations malencontreuses. Je peux modifier ce plan au fil de l'année si besoin. Quelquefois, quand il y a du bruit, je prends le parti de m'arrêter et j'attends. Ça ralentit beaucoup le cours et, avec certaines classes, on avance peu dans le programme. Mais je ne veux pas travailler dans n'importe quelles conditions et je l'affirme ainsi clairement. D'autres fois, je m'attaque plus aux élèves individuellement et, s'ils continuent de bavarder après mes remontrances, je distribue des devoirs supplémentaires, des heures de retenue, ou j'envoie un élève récidiviste dans le couloir cinq minutes pour se calmer. Je sais que c'est interdit, mais j'en prends la responsabilité.

En général, toutes ces mesures nous assurent à tous des cours plutôt confortables. Je trouve plus difficile de remédier à d'autres problèmes qu'on rencontre au collège : le manque de travail et puis les coups d'éclat violents en parole ou parfois même physiques.

Gérard, professeur de SVT.

J'enseigne depuis trente ans et, non, je ne dirais pas que le bavardage soit un phénomène qui ait empiré, non, c'était la même chose au début de ma carrière. Est-ce que ça me gêne ? Non plus. Ça ne me dérange pas, je comprends très bien que les élèves aient une vie sociale pendant le cours, je ne vois pas pourquoi ils la feraient cesser à l'entrée de la classe.

Ça ne nuit pas au cours. Ça ne m'empêche pas de donner toutes les informations que je veux donner. S'ils n'écoutent pas un point, ils écoutent le suivant, et finalement je crois qu'ils captent l'essentiel. Les élèves sont habitués à faire plusieurs choses en même temps. D'ailleurs, il y en a qui bavardent énormément et qui ont de bons résultats quand même. Je ne constate pas de corrélation entre la qualité de leurs copies et celle de leur écoute en classe. Certains élèves placides, toujours muets, ont des résultats médiocres. Ils se taisent, mais par passivité sans doute.

Stéphane, professeur de sciences économiques et sociales.

Ah, le bavardage, ça n'existe pas dans mes classes ! Celui qui bavarde, c'est simple, je le chope et il passe un mauvais quart d'heure. Je lui passe un savon devant tout le monde et, je t'assure, on ne l'y reprend pas. Et ça, dès le premier cours, dès les cinq premières minutes s'il le faut. Pour mettre en place les règles, il ne faut pas perdre de temps, il faut imposer la loi tout de suite à la rentrée. Ensuite, les élèves savent qu'avec moi ça ne se fait pas, et puis voilà. Le bavard, c'est un guignol, je le lui fais savoir et je dis bien que les guignols n'ont pas de place dans mes classes.

Je n'ai aucun problème de discipline avec mes classes, même si elles sont nombreuses. Je sais très bien que, un groupe, il faut lui dire très vite qui est le chef. Moi, je suis aussi formateur d'apprentis gendarmes, et je t'assure que, même s'ils sont cinquante, ou plus –, il n'y en a pas un qui bronche. Ils voient tout de suite qu'on est là pour bosser, pas pour papillonner.

Au lycée, c'est pareil. Si je vois par exemple qu'une classe entre dans mon cours en désordre, en parlant, et s'installe vaguement, sans sortir ses affaires, en continuant les discussions comme si je n'étais pas là, eh bien, je ne fais ni une ni deux, je fais ressortir tout le monde, je fais mettre les élèves en rangs dans le couloir et attendre jusqu'à ce qu'il y ait le silence complet. Ensuite, seulement, je les fais entrer et se mettre en position d'écouter, matériel sorti et oreilles disponibles. Même en début d'heure, ce n'est pas à moi de réclamer le silence, c'est à eux de se préparer à profiter du cours.

Ça ne m'empêche pas d'avoir de bonnes relations avec mes élèves. On travaille très bien ensemble et ils m'apprécient, j'en ai de multiples preuves.

Catherine, professeure d'anglais en BTS.

Ne crois pas qu'en BTS les élèves soient plus disciplinés que dans les classes qui préparent le bac. J'y retrouve les mêmes problèmes de bavardage. Je ne dirais pas cependant comme toi que c'est le problème numéro 1, parce que, pour moi, le problème numéro 1, ce serait plutôt le manque de travail, qui m'oblige à une constante vigilance : tout vérifier et sanctionner quand les devoirs ne sont pas faits.

Pour ce qui concerne l'attention en classe, je suis intransigeante. Je peux accepter un petit chuchotement de quelques phrases (« Qu'est-ce que veut dire tel mot ? », « Comment ça s'écrit ? », « T'aurais pas du Blanco ? »), mais rien de plus et certainement pas de véritables discussions. Je suis persuadée que, s'ils bavardent, ils perdent le fil du cours, surtout dans une langue étrangère, et donc ils ne peuvent pas apprendre.

Ma façon, c'est donc de ne rien leur passer jusqu'à la Toussaint. S'ils bavardent, je les déplace aussitôt et je peux aller jusqu'à les renvoyer de mon cours, ce qui ne se produit vraiment pas souvent. Je les rabroue dès les premières heures avec des piques dont j'ai pu observer qu'elles ne leur sont pas agréables, surtout dans les premiers temps où ils ne se connaissent pas encore entre eux. Par exemple, à deux voisines du fond de la classe, je vais lancer : « Dites donc, les deux petites mamies près du radiateur, la prochaine fois, apportez votre tricot pour bavarder plus utilement. » Ou si, par exemple, ils demandent à aller aux toilettes pendant le cours comme ils font de plus en plus, je n'ai pas de scrupule à refuser en ajoutant : « La prochaine fois, vous prévoyez les pampers ! » Ils disent quelquefois que je les « casse », mais, dans l'année, j'ai aussi régulièrement droit à des manifestations de reconnaissance de la part de ceux qui sont contents de progresser et de se sentir préparés à l'examen. L'ironie, c'est une manière simple, économe en violence, en énergie et en temps, de signaler les comportements qui n'ont pas lieu d'être.

Je fais attention aussi à ce que le cours ne soit pas rébarbatif. C'est important. Je travaille beaucoup à partir de vidéos qui correspondent bien à leur culture, je fais circuler constamment la parole pour qu'ils interviennent tous régulièrement dans le cours, et il n'est pas rare non plus que je raconte de petites anecdotes pour détendre l'atmosphère. Ce qui est très important dans un cours, c'est la cadence. Avec mes petites anecdotes, je ménage de courtes pauses, pendant lesquelles le contenu est plus facile. Mais ce sont des pauses maîtrisées : on se repose un peu, et puis hop ! très vite, on reprend. Je veille aussi à ce que le cours ne soit pas languissant ni trop prévisible. Il ne faut pas non plus qu'il soit trop simple, il faut qu'il y ait un peu de défi à le suivre et à y participer. Personnellement, je conçois le cours pour ceux que j'appelle les moyens-forts. Je crois que c'est le niveau qui fait que le plus d'élèves se trouvent tenus en haleine.

Lorsque je sens que leur attention se relâche, en général au bout d'une heure quinze, je l'ai remarqué, je les encourage à tenir cinq minutes de plus, cinq minutes que je fais durer plutôt dix, puis j'accepte un peu plus de détente pendant le quart d'heure qui reste.

J'entends des collègues, des CPE en particulier, qui s'apitoient sur les élèves, leurs emplois du temps chargés ou leurs problèmes personnels, et excusent leur peu d'entrain au travail. Ça m'agace et je ne partage pas cette tendance à les plaindre. Je pense plutôt qu'ils ont la chance de pouvoir profiter de notre enseignement et je leur rappelle parfois qu'il y a beaucoup d'adultes qui payent pour avoir des cours d'anglais. Personnellement, j'ai débarqué d'Écosse à neuf ans, seule avec ma mère, et j'ai dû m'adapter à l'école et à la vie en France sans qu'on se soucie beaucoup de mes difficultés. Or, je suis persuadée que je m'en suis trouvée mieux que si on m'avait plainte, car j'ai pris conscience de mes capacités d'adaptation. Voilà pourquoi je ne cherche pas à materner mes élèves, mais plutôt à les stimuler pour qu'ils profitent de leur situation. Ils doivent tirer bénéfice de ce qu'on leur offre : les cours, tout ce savoir servi sur un plateau. Ce sont des conditions très enviables.

CONCLUSION

Trois souhaits pour l'école

Je souhaite d'abord qu'enseignants, parents et élèves parlent ouvertement du climat qui règne dans les classes. Je souhaite que l'on s'attaque à ce tabou qui règne encore. Parlons-en dans des émissions (où on ne se couperait pas la parole), sur des forums, sur des sites et des blogs, dans les conseils de classe, dans les réunions parents-professeurs, dans les réunions syndicales, sur les lieux de formation, avec les inspecteurs, sur les sites académiques. Qu'on le dise et le révèle : le bavardage est devenu une nuisance majeure, une source considérable de déperdition d'énergie, il a envahi les cours et s'est dangereusement banalisé. Que le problème soit traité aussi dans des discussions de classe et que chacun puisse s'y exprimer, y compris les élèves qui souffrent des désordres de la parole.

Je souhaite ensuite que la formation initiale et continue des enseignants soit considérablement plus pratique et concrète et qu'elle comprenne une information approfondie et un entraînement véritable, pour tous les volontaires, à la gestion du groupe, sous tous ses aspects. Qu'elle englobe des exercices poussés et des analyses fréquentes et détaillées des situations, qui permettraient d'aborder les classes plus sereinement et beaucoup plus efficacement.

Je souhaite enfin que non seulement à la maternelle, comme c'est à peu près officiellement le cas déjà, mais ensuite encore tout au long de l'école primaire, puis du collège et du lycée, les élèves soient amenés à suivre des apprentissages concernant la concentration et l'attention, soit à travers des séances spécifiques, soit au sein des enseignements disciplinaires avec des professeurs volontaires et formés. On pourrait aussi, comme le propose la prévention routière, organiser des stages pour les élèves collés à cause de leur attitude en classe et leur donner la possibilité de les suivre à la place de leurs heures de retenue. Je souhaite que les acquis de la sophrologie, de la PNL, de la communication non violente et de toutes les méthodes qui ont fait leurs preuves dans ces domaines traversent les murs de l'école pour favoriser l'instruction et la vie collective.

Il y a urgence : il est temps d'affranchir l'enseignement de cette tyrannie des bavardages, de soulager l'école de la pression qu'ils font régner dans les cours et de libérer l'école du bruit qui parasite constamment la parole.

Remerciements

Que soient remerciés les amis qui m'ont manifesté leur enthousiasme sur le thème de cet ouvrage lorsqu'il n'était encore qu'un projet : Paticia Delahaie, Isabelle Delorme, Pierre Lecomte et André Rauch en particulier. Toute ma gratitude à Nathalie Azoulai, mon amie de toujours, pour son soutien, ses encouragements, ses relectures soigneuses et ses conseils judicieux, ainsi que ses témoignages plein d'acuité. M'ont été également d'une grande aide tous les collègues et les parents dont j'espère n'avoir pas trahi les points de vue. Je leur sais gré du temps qu'ils ont bien voulu m'accorder. Que mes enfants sachent aussi toute la reconnaissance que je leur dois, eux qui ont accueilli si souvent avec patience et bienveillance mes récits de professeur exaspéré. Merci enfin à Catherine Nabokov et à

Michel Serres pour leurs conseils, en plein milieu de l'été : grâce à eux, j'ai pu rencontrer une éditrice des plus efficaces et tellement chaleureuse et son second d'une courtoisie à toute épreuve.

Même s'il est vrai que je leur dois ce livre, je n'irais cependant pas jusqu'à adresser des remerciements à tous les élèves bavards que j'ai dû supporter ou rappeler à l'ordre dans mes classes !

Pour l'éditeur, le principe est d'utiliser des papiers composés de fibres naturelles, renouvelables, recyclables et fabriquées à partir de bois issus de forêts qui adoptent un système d'aménagement durable.

En outre, l'éditeur attend de ses fournisseurs de papier qu'ils s'inscrivent dans une démarche de certification environnementale reconnue.

Photocomposition Nord Compo
Villeneuve-d'Ascq

Achevé d'imprimer en novembre 2011
sur les presses de la Nouvelle Imprimerie Laballery
58500 Clamecy
Dépôt légal : novembre 2011
Numéro d'impression : 110115
36-57-3222-1/01

Imprimé en France